THE LOCAL

더 로컬 | 장수 고창 군산 임실

안은금주 지음

CONTENTS

추천사
4p

프롤로그
5p

JANGSU
긴 물의 숲, 장수
6p

GOCHANG
인류의 정착지, 고창
44p

GUNSAN
풍요의 길목, 군산
86p

IMSIL
생명의 젖줄, 임실
132p

THE LOCAL의 아름다운 미각 여행
180p

에필로그
182p

식문화로 시작된 깊이 있는 로컬 이야기가
한국 지역 콘텐츠의 글로벌한 가치를 일깨운다

세상에는 여행에 관한 책이 참 많다. 하지만 대부분 여행 책들을 펼쳐 보면 맛집, 호텔, 박물관 등 너무나도 빽빽한 정보에 오히려 길을 잃는 경우가 많다. 10년 전, 새로운 시도가 돋보인 여행 가이드북을 만난 적 있다. 루이비통 시티 가이드로, 그 도시에서 활동하는 작가, 기자들이 쓴 도시의 이야기였다. 그들의 시선에 따라 소개된 정보를 따르니 아주 색다른 여행을 경험할 수 있었다. 이처럼 우리 여행 책들도 시각과 구성에 새로운 변화를 꾀해야 한다고 생각한다.

30년의 해외 생활 동안 한국에 대한 갈증을 한국 음식 관련 TV프로그램을 통해 해소하곤 했다. 하지만 동시에 한국의 식문화 그리고 거기에 담긴 지역 이야기를 좀 더 심층적으로 알고 싶은 욕구도 생겼다. 2018년, 한국에 돌아와 운 좋게 안은금주 대표와 함께 로컬 투어를 했다. 그녀의 경험과 시선이 날실과 씨실이 되어 촘촘히 짠 2박 3일의 여정들은 그 짧은 시간 안에 다 담을 수 없을 만큼 풍부한 경험을 맛보게 했다. 그녀만의 로컬 이야기는 정적인 면이 아닌 현장에서 팔 걷어붙이고 일한 경험에서만 나올 수 있는 무척이나 동적인 이야기였기 때문이다.

코로나 팬데믹은 여행 업계에도 많은 변화를 가져오고 있다. 사람들은 경치 좋은 곳에서의 소비적 여행이 아닌 의미 있는 곳에서 그 지역에 뭔가 긍정적인 영향을 미치는 여행을 하고 싶어 한다. 해외에서는 이러한 새로운 행태의 여행을 '재생 여행 regenerative travel'이라고 부르기 시작했다. 안은금주 대표는 20년 동안 지역의 식문화를 발굴하면서 우리의 눈길 밖에 있던 소중한 가치를 수면 위로 끌어올렸다. 그 경험적 시선으로 한국의 지역 콘텐츠가 가진 원천적인 힘을 글로벌 시각으로 풀어냈다.

기원전 2천년, 세계에서 고대 지배계급의 무덤이 가장 많이 발견된 고창이 그녀의 이야기에 포함이 된 것은 우연이 아니다. 어쩌면 4천년이 지난 지금이 바로 한국의 지역 콘텐츠가 가장 글로벌하다는 점에 다시 주목해야 한다는 신호탄이 아닐까? 한류가 전 세계의 시선을 한국에 주목시켰다면, 이 책은 그 시선을 한층 심화된 곳으로 인도할 것이다. 새로운 장르의 한국 이야기는 이제 시작이다.

폴라리스 어드바이저 (메리엇 호텔 기술자문 총괄)

한이경 대표

PROLOGUE

너무 익숙해서 때로는 낯설기도 한
진짜 로컬의 이야기가 시작된다

일상의 제약으로 많은 사람이 상실감을 경험하는 요즘, 여행이 더욱 간절하다. 여행지의 아름다운 풍경, 오감을 자극하는 진귀한 맛, 인정 넘치는 사람들과의 교류가 사무치게 그리운 나날이다. 그래서인지 자연 안에서의 심신의 회복을 더욱 갈망하게 된다. 언제 회복될지 모르는 일상의 더딤 속에서 그동안 당연하고 익숙하게 즐겨왔던 여행의 소중함을 새삼 깨닫는다.

지상파 방송의 현장 리포터로, 식생활 소통 연구가로 20여 년 동안 지역의 문화를 알리는 활동을 했다. 지역의 이야기를 사람들에게 알리고, 지역의 농업과 식문화의 부가가치를 높이는 로컬 콘텐츠를 기획하며 전국 방방곡곡을 다녔다. 덕분에 우리나라 소도시의 역사와 문화 그리고 맛에 대해서 진지하게 탐험할 수 있었다.

여행 좀 다녀본 이들은 대부분 알 만한 아주 익숙한 관광 도시들을 말하며, 국내는 더 이상 가볼 곳이 없지 않느냐고 말한다. 그리고 국내여행이 아직 새로울 수 있는지 내게 묻는다. 그러면 이렇게 답한다. 유럽의 고대 도시에서 역사를 탐험하고, 와이너리와 치즈너리를 통해 미식의 즐거움 발견하며, 산토리니 성지 순례지에서 깨달음을 얻고, 우유니 소금 사막의 황홀한 풍경과 밤하늘 쏟아지는 별빛에 감동하며, 국립공원의 숲과 계곡의 웅장함에 가슴이 먹먹한 경험을 우리나라에서도 충분히 즐길 수 있다고 말이다. 그뿐만 아니라 우리는 문화와 역사가 우려낸 깊은 맛을 올곧이 느낄 수 있는 한국인이다. 그래서 오히려 해외에서는 경험하기 어려운 진한 감동이 있는 여행을 즐길 수 있다.

이 책에는 내가 지난 20년 간 지역을 탐험하고, 발견하며 얻은 우리나라의 아름다운 소도시(local)의 풍경과 이야기를 담았다. 지역의 자연환경부터 지역민의 전통과 관습, 산업과 식문화까지 어우러진 여행에 초점을 맞추었다. 또한, 미식 여행자의 관점에서 독자의 지적 호기심과 상상력을 깨울 수 있게 함축된 사진과 꼭 필요한 정보를 최대한 절제해 다루었다. 때로는 너무 많은 정보가 편견을 만들어 해당 여행지와의 설레는 만남을 방해하기 때문이다. 누구나 쉽게 갈 수 있어도 제대로 알아야 더 깊이, 더 큰 감동이 있는 여행을 할 수 있다. 이 책을 만난 독자들이 로컬 여행을 통해 발견하는 기쁨, 미식의 즐거움, 나눔의 감동을 체험하며 삶을 더욱 풍요롭고 건강하게 가꾸기를 기대한다.

식생활 소통 연구가
안은금주

긴 물의 숲, 장수

JANGSU

장수(長水), 긴물이라는 뜻을 가진 이곳의 길고 긴 물은 어디에서 시작됐을까?
구름도 쉬어 가는 고갯길 장수 수분재에서 샘솟은 물은
섬진강과 금강의 물줄기로 나뉘고 긴 물길을 따라 대지 위를 적시며 생명 에너지를 움트게 한다.
장수의 물길을 따라 산촌 사람들이 잇는 맛의 근원을 따라가 보자.

덕산계곡 용소

생명이 살아가는 원천인 물은
스스로 길을 만들며
수천 년 마른 대지 위를 적시어
생명을 나눈다.

금강의 발원지   금강의 발원지 장수 뜬봉샘에서 솟은 물은 서해까지 397.25km 천 리 물길로 이어진다.
이곳에서 만나는 장수의 계곡은 내딛는 걸음마다 발견하는 즐거움이 있다. 계절과 시간에 따라
시시각각 변하는 산세가 물길에 비치어 신비로움을 더한다.

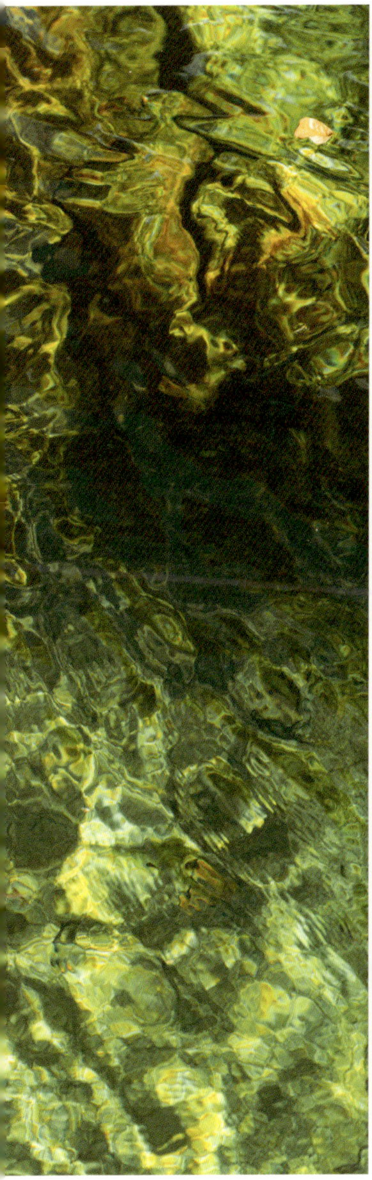

이른 아침 첩첩산중에 짙은 물안개가 피어오르면
피톤치드 머금은 미스트를 한껏 뿌린 듯
바짝 말랐던 살갗이 촉촉하고 싱그러워진다.
상처도 금세 아물고 오래된 흉터마저 새살 돋게 하는
자연이라는 신비로운 명약을 바른 것처럼 말이다.

논개활공장

장안산
억새 군락지

백운산, 팔공산, 남덕유산이
병풍처럼 둘러 있는
장수는 70%가 숲이다.
가을철 장안산의 동쪽 능선은
온통 억새로 뒤덮여 장관을 이룬다.

장수의 가을걷이   겨우내 먹을 시래기에 가을볕을 담았다.

JANGSU

장수 오미자

오미자 농사의 첫 시작이 장수라는 사실을 아는 이는 많지 않다.
첩첩산중 풍부한 물과 배수가 잘 되는 산기슭은
오미자 재배에 명당이다.

장수 사과

'붉은 이슬'이라는 뜻의 '홍로'는 9월에 수확을 하며 추석 제수용 사과로 인기가 좋다. 껍질이 얇고 당도가 높아 저장성은 떨어지지만, 한입 가득 베어 물면 진한 사과향에 놀라고 청량한 사과즙에 반한다.

풀이 많고 곡식이 귀했던 시절의 산촌에서는
봄철 산과 들에 나는 산나물을 채취해 삶고 말려
묵나물로 만들어 1년을 두고두고 먹었다.

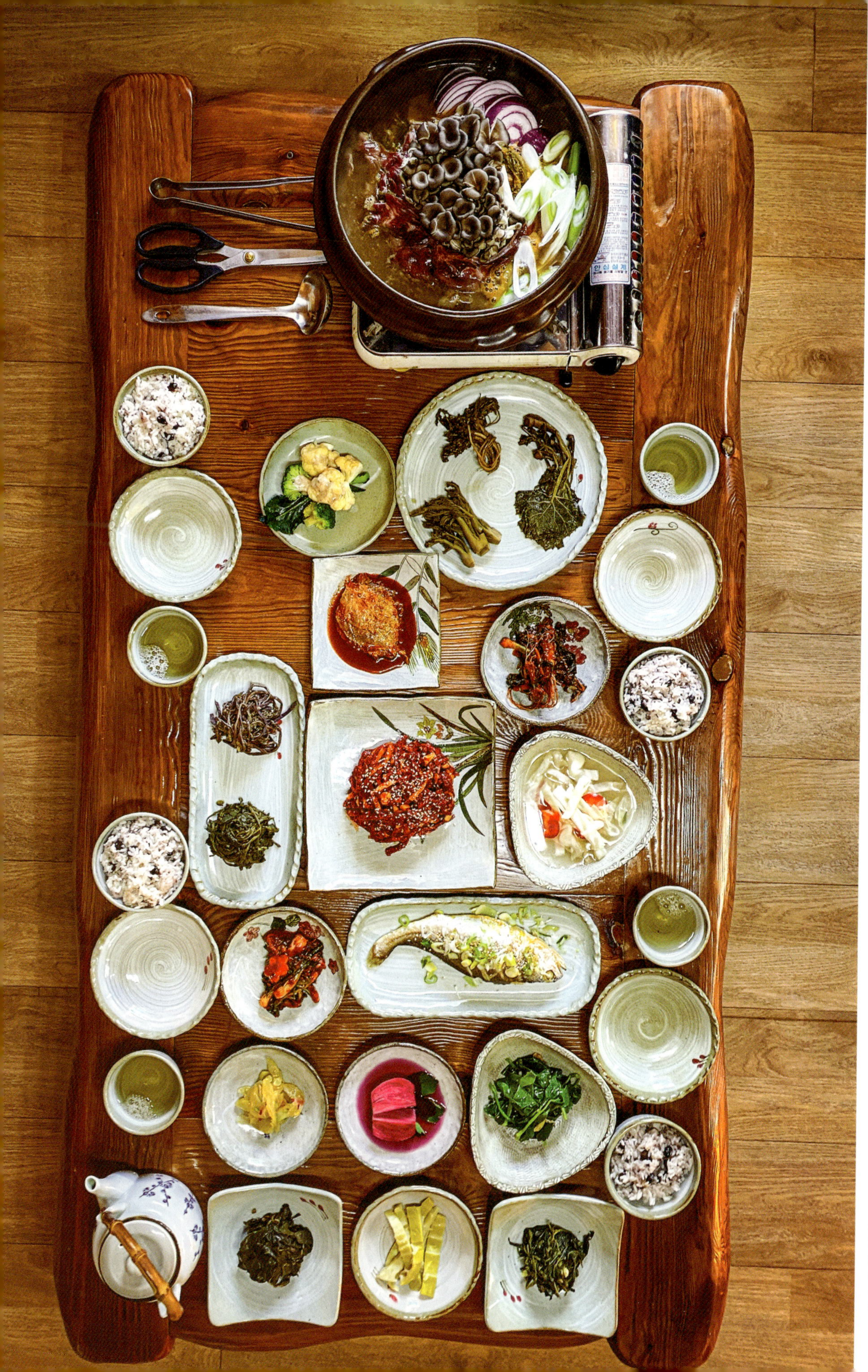

'긴물찻집'

깊은 산중 끝자락의 '긴물찻집'에서 꼭 맛 봐야 할
시그니처 메뉴는 봄에 직접 채취한 야생 쑥, 생강나무,
작설차, 고욤나무 잎, 서리 맞은 뽕잎 등
백 가지 나무의 순으로 만든 '긴물차'이다.

맨드라미, 아카시아, 도라지 꽃을 토핑으로 내는 산골 꽃 피자와 여름철 시즌 메뉴인 야생 오디를 올린 오디 빙수는 미식가의 눈과 입을 즐겁게 한다.

어둑해질 무렵 찻집을 나선다면 쏟아질 듯한 별빛과 마주할 수 있다.
특별하지 않은 순간에 문뜩 찾아온 강렬한 여운은
이곳에 다시 올 것을 다짐하게 한다.

수분공소

수분리에 위치한 장수성당 수분공소는 1913년 한옥에 서양 교회 양식을 더해
지은 독특한 근대 건축물이다. 공소란 사제가 없는 성당을 말하는데,
지금도 한 달에 한 번 공소 예절이 진행된다. 수분마을의 믿음은 그 역사가 깊다.
천주교 박해를 피해 외지에서 모여든 신자들이 형성한 교우촌이 바로 이곳이다.
농촌 인구가 줄면서 신도 수도 줄었지만, 수분공소는 여전히 마을의 정신적인 안식처이다.

장수 곱돌

광물질이 풍부한 원석이 나는 장수는 곱돌로 유명하다.
옛날 임금께 진상한 귀한 조리 도구였던 장수 곱돌솥은
음식을 속부터 익히고 보온성도 뛰어나 지금까지도 찾는 사람이 많다.

해발 900m의 산중에서 채취해야 하는 장수 곱돌은 원석을 구하기도 어렵지만,
다듬는 석공의 손길마저 귀하니 언제 사라질지 모르는 소중한 문화 유산이다.

TRAVEL NOTES

천 리 비단결 풀어내는 금강의 발원지
물의 고장, 장수

장수는 공기가 참 맛있다. 처음 이곳을 방문했을 때 느낀 알 수 없는 포근함과 달콤한 공기는 한껏 곤두섰던 예민함과 마음의 주름을 일순간 누그러뜨렸다.

어느새 마음을 몽글몽글 부드럽게 다독여 주는, 장수는 내게 진정한 휴식을 선사하는 대자연의 판타지다. 도심의 소음, 빽빽한 빌딩 숲에서 엉킨 실타래 같은 인간관계에 지쳐 있다면 주저 없이 장수를 추천한다. 쪼글쪼글 뇌의 주름이 말끔히 펴지고 무언가 잔뜩 끼었던 피부를 말끔히 클렌징한 기분은 이곳 자연에서만 오롯이 느낄 수 있는 선물이다.

長(긴 장) 자와 水(물 수) 자 장수는 한반도의 허리를 감싸는 호남평야의 젖줄인 금강의 발원지다. 장수 7개 읍면의 지명이 물과 관련 되었을 정도로 일급수 계곡과 폭포, 시내와 연못 등 물이 풍부하다. 말 그대로 장수는 물의 고장이다. 물이 주는 치유의 효과를 길게 설명할 필요는 없다.

깊은 골짜기에 흐르는 물길을 따라 트래킹을 하다 보면 살아오며 생긴 가슴 속 생채기도 씻은 듯 사라진다. 지치면 잠시 발길을 멈추어 흐르는 물을 쳐다본다. 불멍이 아닌 물멍.

장수는 물멍하기 좋은 최적의 여행지다. 아무 생각 없이 흘러가는 물을 그저 바라보고 있노라면 욕심과 분노와 상처를 받았던 감정의 너울에서 헤어 나와 내 안이 조금씩 비워지는 느낌이 든다.

늘 채우기에만 급급했던 나, 무언가로 가득 차 있던 나를 비우는 건 얼마나 어려운 일인가. 하지만 그 어려운 일이 장수에서는 가능하다.

달콤 쌉싸름한 오미자의 원조 고장

장수 오미자는 해발 400m 이상의 고랭지에서만 재배되므로 병충해에 강해 친환경 재배로도 인기가 많다. 빛깔도 고운 축복의 열매 오미자는 단맛, 신맛, 쓴맛, 짠맛, 매운맛의 5가지 맛이 난다고 해서 '오미자(五味子)'라고 불린다. 이 가운데 신맛이 가장 강한데, 폐와 신장의 기능을 좋게 하여 갈증 해소와 천식에도 도움이 되고 다한증과 설사를 멈추게 하는 효능이 있다. 또한, 무더위에 열을 내려 주고 마음을 안정시키는 데 탁월한 여름 식재료다.

장수 오미자는 8월 말부터 9월 초까지 수확하며 천천면과 계북면에서 많이 재배된다. 제철에 딴 오미자는 그대로 말리거나, 청이나 술을 담가 사계절 내내 즐길 수 있다.

최고의 몸값을 자랑하는 명품 장수 사과

1980년대 초 경북에서 사과 농사를 짓던 농부가 그 지역의 사과 재배지가 포화를 이루자 전국을 돌며 사과 재배에 최적인 환경을 찾아 개척한 것이 장수이며, 그것이 본격적인 장수 사과 농사의 시작이 되었다. 이곳에서 5만 평의 땅을 개간해 시작한 사과 농사는 현재 33배의 면적으로 확대되었다. 해발 500m에 이르는 장수는 낮과 밤의 일교차가 20도가량 벌어져 한여름에도 해가 지면 보일러를 켜고 잘 정도다. 혹독한 일교차에 사과는 제 몸을 지키는 방법으로 치밀한 조직과 높은 당도를 만들며 맛을 응축시키기에 더욱 새콤달콤하며 아삭한 맛을 낸다.

장수 사과는 병충해 발생이 적어 농약을 거의 쓰지 않으며, GAP(우수농산물관리제도)를 도입하는 등 고품질 안심 사과 생산을 추구해 소비자 만족도가 높다. 사과 수확은 8월 아오리에서 9월 홍로, 10월 부사로 이어진다. 그중 장수의 대표 사과는 추석에 맞춰 출하되는 새콤달콤한 홍로 사과다. 특히, 장수 사과로 짠 착즙 주스는 맛이 좋기로 유명하다.

장수군에서는 매년 일반인에게 사과나무를 저렴하게 분양하고 장수의 전문 농업인이 관리해 주는 '사이버 팜'을 운영하고 있다. 따로 밭을 일구지 않아도 가족, 친구들과 수확의 기쁨을 함께 나누며 저렴하게 장수 사과를 맛볼 수 있는 프로그램이다. 도심에 살며 사과나무 한 그루를 키운다는 낭만과 수확의 계절에 나만의 나무에서 열린 사과를 한입 베어 먹는 경험은 로컬 여행이 가져다주는 작지만 확실한 행복이다.

진정한 농부의 만찬, '장수밥상'

백마지기 농사를 지으며 10남매의 밥상을 차려낸 이장님 부부의 자애로운 손맛 담긴 농가 맛집이다. 손수 키운 제철 식재료와 산으로 들로 다니며 직접 캔 나물을 다듬고, 말리고, 발효시키는 정성과 기다림으로 완성된 깊은 맛이 일품이다.
안주인의 탁월한 미적 감각으로 시골집의 우아함과 정감 있는 상차림이 인상 깊은 이곳에서는 장수의 떼루아가 오롯이 담긴 20첩 밥상을 맛볼 수 있다.

따뜻한 식전 차는 식욕을 돋게 하고 제철에 손질해 둔 두릅, 방풍나물, 고사리, 취나물, 묵나물과 장아찌는 제철의 향을 오롯이 품고 밥상 위를 수놓는다. 정성스럽게 손질한 영광 굴비는 내장까지 맛있게 먹을 만큼 안주인만의 내공과 비법이 담겨 있다.

안주인의 손길이 가장 많이 간 음식은 참외 장아찌와 깻잎 장아찌다. 참외 장아찌는 아삭하고 맛있는 맛이 나는 숙성 시기를 맞추는 것이 까다롭고, 누렇게 익을 때 수확해 만든 깻잎 장아찌는 시절의 손길이 많이 가는 정성이 가득한 음식이다.

무엇보다 '장수밥상'의 백미는 장수 한우로 만든 고추장 육회와 겨우내 말려둔 시래기에 된장으로 맛을 낸 한우 전골이다. 어머니의 손맛으로 가득한 음식들은 지친 몸의 기운을 듬뿍 채워 주는 보약과도 같다. 로컬 푸드로 이루어진 농가 밥상을 제대로 맛보고 싶다면 꼭 방문해 보자. 하루에 최대 5팀만 받으니 예약은 필수다.

봄의 움틈, 여름의 성장, 가을의 결실, 겨울의 인내가 오롯이 담긴 산촌의 맛

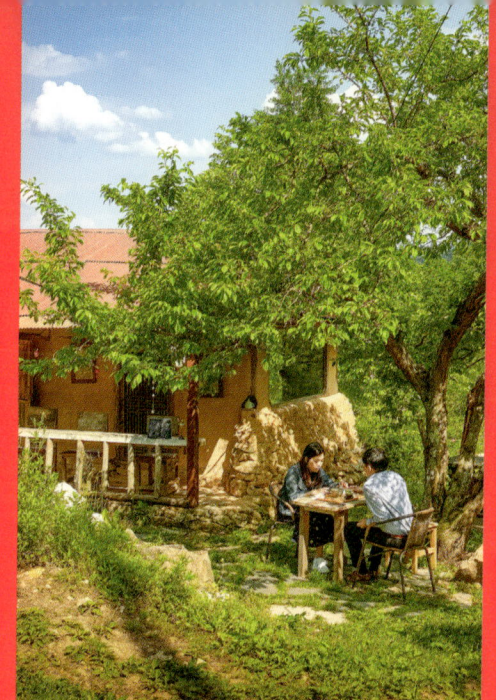

여행자의 쉼터,
숲속 카페 '긴물찻집'

자동차 한 대가 겨우 지나갈 만한 길을 따라 한참 올라가야만 닿을 수 있는 '긴물찻집'은 손수 지은 흙집 속 행복한 부부가 향기 좋은 야생 수제 차를 만들고 있는 숲속 카페다.

해발 550m에 위치한 이곳의 공기는 산 아랫마을만 내려가도 다름을 느낄 정도로 쾌청하다. 온통 숲과 산, 들로 둘러싸인 이곳에서는 봄이면 수만 가지 생명이 태어났다가 겨울에는 소멸하는 과정을 거친다. 사계절이 모두 좋지만, 주인장 부부는 겨울을 이겨내고 생명이 움트는 봄이 가장 경이롭다고 말한다. 이들에게 풍경은 바라보고 감상하는 대상이 아니라 자연과 삶이 하나가 되어 먹고 마시고 느끼는 그 자체이기 때문이다.

"사계절이 다 좋아요. 봄은 시작하는 계절이라 좋고, 겨울은 휴식하는 계절이라 좋고요. 눈 쌓인 이곳에서는 고즈넉하게 다른 데서 느낄 수 없는 휴식을 누릴 수 있어요. 여름은 사실 즐기는 계절이에요. 아침부터 밤까지 신이 준 선물처럼 삶을 일부러 즐기기 좋은 계절인 것 같아요."

'긴물찻집'에서는 쑥, 생강나무, 작설차, 고욤나무 잎, 서리 맞은 뽕잎 등 평소 접할 수 없는 귀한 백가지 산야초 순을 뜯어 차를 만든다. 직접 로스팅한 원두에 커피를 내리고 인근 산속에서 철철이 피는 아카시아, 도라지, 맨드라미, 오이꽃 토핑을 한 고르곤졸라 피자를 맛볼 수 있다. 한여름에는 직접 담근 오디 청과 팥소로 만든 수제 오디 팥빙수가 인기다.

'긴물찻집'의 시그니처 메뉴는 단연 긴물차다. 겨울을 이기고 봄에 올라오는 수만 가지 새순 가운데 주인장이 고르고 고른 100가지를 덖어 만든, 그야말로 봄의 에너지로 지친 몸과 마음을 충전시키는 차이다. 이 가운데 쑥 향으로 착각할 정도로 향이 정말 좋은 진달래 새순과 정금나무 열매, 청아하고 맑으며 깨끗한 맛을 내는 화살나무는 주인장이 차를 만들 때 베이스로 잡는 가장 좋아하는 재료다.

INFORMATION

TREKKING 트래킹

1

방화동 가족휴가촌

장안산의 방화동계곡에서 덕산계곡으로 이어지는 계곡을 따라 조성된 방화 생태길은 울창한 숲의 절경과 계곡의 청량한 물소리를 들으며 편히 걸을 수 있는 트레킹 코스이다. 휴양림 내에 산림욕장과 숙박 시설, 오토캠핑장, 물놀이장, 목재 문화 체험장 등 휴식을 위한 다채로운 시설이 있어 가족 휴가지로 안성맞춤이다.

ADD 번암면 방화동로 778
TEL 063-350-2474
WEB www.foresttrip.go.kr

2

덕산계곡

덕산계곡에서 바로 출발하는 코스는 호젓하게 계곡과 용소를 감상하기에 좋다. 두 개의 용소와 기암괴석이 골짜기와 어울려 운치 있다. 사계절 중 5월 봄비 내린 후에 가는 것을 추천한다. 계곡을 따라 걸으면 복잡했던 마음이 물길에 비워내듯 맑고 가벼워진다.

ADD 장수읍 덕산리 772

3

토옥동계곡

북덕유산과 남덕유산 사이 골짜기의 계곡으로 장수 현지인들이 즐겨 찾는다. 한여름 불볕더위를 피해 발 담그고 물멍하며 쉬기 좋은 곳이다. 계절과 시간, 주변 산세에 따라 계곡의 모습은 시시각각 달라진다. 계곡 여행은 카페 투어를 다니듯 그때의 분위기에 맞게 찾아다니는 즐거움이 있다. 이곳은 공공시설이 아닌 개인 사유지의 계곡으로 편의시설이 없으며, 주차장은 협소하다. 계곡 입구에는 유명한 송어 전문식당이 있어 식사 후 산책 장소로도 좋다.

ADD 계북면 양악리 1
TEL 063-350-2312

장안산 군립공원

"반달곰을 만날 수 있으니 조심하세요!"
등산로 입구의 경고문을 보면 이곳이 지리산 자락임이 실감 난다.
반나절 등산하기 좋은 코스는 무룡고개에서 출발하는 코스로
정상까지 한 시간 반 정도 걸린다. 특히 가을철에는 정상의 능선
위에 펼쳐지는 억새밭이 장관을 이룬다. 오후 2시쯤 산행을 시작해
억새의 너울 사이로 내리는 일몰을 보는 일정을 추천한다. 장안산
정상은 일출, 일몰이 모두 보이는 곳으로 해돋이를 맞기에도 좋다.

ADD　　장수읍 덕산리 산51

4

논개활공장

신덕산 마을의 뒷산에 위치한 패러글라이딩 활공장으로
장수 읍내와 산세가 360도 막힘 없이 한눈에 보인다.
산간 분지의 특징으로 이른 아침 짙은 운무에 마을이 가려졌다가
해가 중천에 오르면 나타나는 신기루가 펼쳐진다.
현지인들의 아침 운동 장소로, 아는 이들만 물어 물어 찾아가는
곳이다. 신덕산 마을 입구에 주차하고 40분 정도 임도를 따라
올라가면 된다.

ADD　　장수읍 덕산리 신덕산 마을 입구 주차장

5

대곡관광지

임진왜란 때 기생으로 가장하고 왜장을 껴안고 남강으로
투신했던 의인 논개의 고향이 장수에 있다.
논개의 생가 마을이라고 불리는 주촌 마을에는 사당이 있어 의암
주논개의 업적을 기린다. 장수의 대표적인 관광지로 한옥 숙박
단지와 민속 체험 마을이 조성되어 있다.

ADD　　장계면 논개생가길 31-13
TEL　　063-353-3533

6

INFORMATION

SITE-SEEING 관광

⑦

나봄리조트

산간에 위치한 리조트로 호텔 객실, 캠핑 카라반, 글램핑, 통나무집 캐빈 등 다양한 형태의 숙소를 보유하고 있다. 지하 1,500m 암반수에서 용출되는 약알칼리성 탄산수 온천이 유명하며, 여름철에는 온천수 수영장을 운영한다. 국제 경기장 규모의 장수 승마장도 운영하고 있어 체험 승마와 외승이 가능하다.

ADD 천천면 승마로 1005-24
TEL 063-353-8880
WEB www.nabomresort.com/jangsu

⑧

장수 승마레저파크

장수IC에서 장수읍으로 가는 길에 한눈에 보일 만큼 큰 대형 트로이 목마 상이 우뚝 서 있는 곳이다. 말을 테마로 한 말 역사 체험관, 조랑말 놀이동산, 포니랜드, VR 멀티존, 말 먹이주기 체험장과 게르하우스 숙박, 레스토랑 카페 시설이 있어 아이와 함께 체험하기 좋다.

ADD 장수읍 승마로 74
TEL 063-352-9700
WEB www.horseleisure.co.kr

⑨

스카이피아 농원

환경에 관심이 많았던 귀농부부의 친환경 사과밭이다. 부부의 두 아들도 일찌감치 친환경 농업에 관심을 가지며 네덜란드 유학을 다녀온 후 함께 사과 농사를 짓고 있다. 근본을 중요하게 여기는 부부의 노력은 15년이 지난 지금 행복의 결실을 맺는 중이다. 친환경 사과와 함께 100% 사과를 발효시켜 만든 사과 식초도 구입할 수 있다.

ADD 장수읍 용계리 2901-1
TEL 010-9485-9456

10

산서보리밥

쌀과 고기가 부족했던 산간 지역에서는 고기 식감이 나는 나물을 귀하게 여겼다. 참죽나무의 여린 잎인 가죽나물도 그중 하나다. 이곳에서는 가죽나물을 말려 가루로 내어 볶아 보리밥에 갖은 나물과 섞어 먹는 산촌 밥상을 맛볼 수 있다. 곡식으로 직접 조청을 만들어 태양초와 버무린 특제 고추장이 맛있게 매운 맛의 진수를 보여 준다.

ADD 산서면 보산로 1780
TEL 063-351-1352

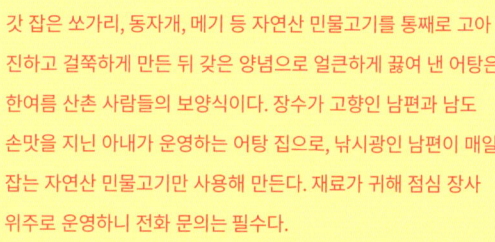

11

먹으러 회관

갓 잡은 쏘가리, 동자개, 메기 등 자연산 민물고기를 통째로 고아 진하고 걸쭉하게 만든 뒤 갖은 양념으로 얼큰하게 끓여 낸 어탕은 한여름 산촌 사람들의 보양식이다. 장수가 고향인 남편과 남도 손맛을 지닌 아내가 운영하는 어탕 집으로, 낚시광인 남편이 매일 잡는 자연산 민물고기만 사용해 만든다. 재료가 귀해 점심 장사 위주로 운영하니 전화 문의는 필수다.

ADD 천천면 송탄4길 8-12
TEL 063-352-2718

12

장수 한우명품관

원래 장수는 소보다 말을 더 많이 키웠다. 고랭지인 데다가 초원이 많아 말을 키우기에 안성맞춤이었기 때문이다. 세월이 흐르며 말을 잘 키우던 자연환경과 목축 노하우를 그대로 적용하여 오늘날 명품 한우의 고장으로 발돋움했다. 이곳은 장수 한우를 실속 있게 맛볼 수 있는 곳으로 한우 직판장 겸 식당으로 운영된다. 로컬 푸드 판매장도 있어 장수의 특산품을 다양하게 만날 수 있다.

ADD 장수읍 군청길 19
TEL 063-352-8088

INFORMATION

PLACES 장소

13

14

15

16

17

18

19

20

21

13. 장수밥상
A 산서면 용암길 57
T 063-351-3724
Info 방문 전 예약 필수

14. 긴물찻집
A 천천면 삼고길 270-3
T 063-353-5826
Info 1월 휴관, 월요일 휴무

15. 사과 사이버팜
A 장수읍 와동길 56
T 063-351-1344
W www.myapple.go.kr

16. 수분공소
A 장수읍 뜬봉샘길 51-3

17. 583양조장
A 장계면 의암로 583-8
T 063-353-5515
W www.583beer.modoo.at

18. 대곡 저수지 수상 레저
A 장계면 논개생가길 31-13
T 063-353-3533

19. 커피바 헬로우
A 장수읍 군청길 34
T 063-353-5652

20. 장수 곱돌석기
A 번암면 하교길 12
T 063-353-5400
W www.장수몰.com

21. 도깨비 오미자 농원
A 계남면 장안산로 553-8
T 063-353-2162

ROUTE

장수의 산과 계곡에서 시작되는 맑은 물길을 따라 가다 보면
산촌 사람들의 지혜가 빚어낸 산촌의 맛을 발견할 수 있다.

DAY 1

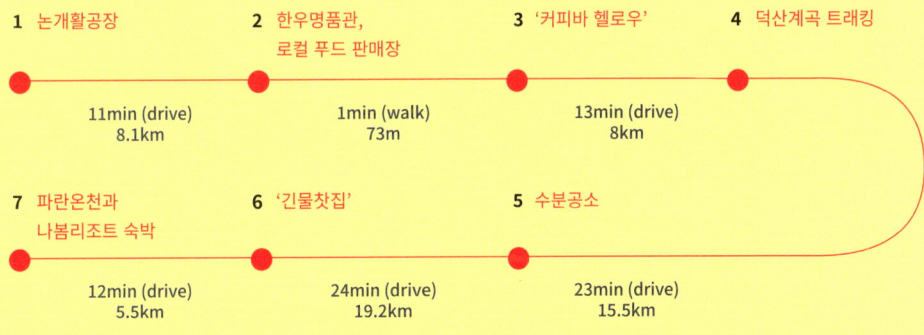

DAY 2

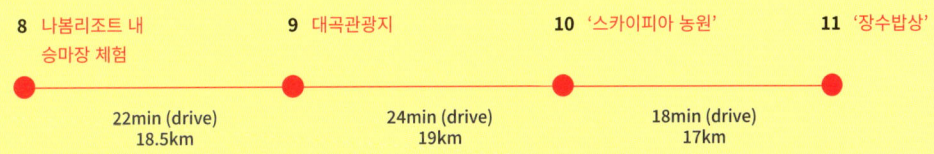

인류의 정착지, 고창

GOCHANG

고창에는 세계적인 거석문화의 발현지와 어깨를 나란히 하는 문화유산이 즐비하다.
기원전 2천 년, 고대 지배계급의 무덤인 고인돌이 세계에서 가장 많이 발견된 곳,
고창(高敞)은 한반도 농경문화의 시작이자 인류 식량의 초석을 다진 곳이다.
천년 고찰 선운사의 설화에 얽힌 소금의 비밀까지
원시 인류의 정착지에서 발견한 맛의 원형을 찾아 떠나 보자.

고창 청보리밭

고창 유채밭

보리가 펼쳐진 비옥한 구릉이 펼쳐진다.
봄의 고창은 구릉 위로 청보리와 유채꽃이 겹겹이 펼쳐지며 봄의 물결을 만든다.
'고창'이라는 지명 안에는 '높고 넓은 동산'이라는 뜻이 담겨 있다.

도산리지석묘 산, 들, 바다, 강 천혜의 자연환경과 식량이 풍부한 고창은
선사 시대부터 인류가 정착하기에 최적의 조건을 갖추었다.
고인돌이 대거 발견된 것은 바로 고창이 최고 지배자가 사는
사회, 경제, 문화의 중심지였다는 것을 말한다.

고창 고인돌공원

고창 황토밭

붉은 토양, 황토가 지천이다. 면적의 반 가까이가 황토인 고창은 벼, 고구마, 복분자 등
산성 토양에 강한 작물이 잘 자란다. 선사 시대부터 전해온 농경 문화는 땅을 다루는 탁월한 능력을
후손에게 남겼으니, 고창의 황토 농산물이 명품 대접을 받는 것도 당연하다.

GOCHANG

황토 땅에서 잘 자라는 대표 농산물은 복분자, 수박, 고구마 등이다.

고창 갯벌   한국 서남 해안의 갯벌은 캐나다 동부 해안, 미국 동부 해안, 북해 연안, 아마존강 유역과 더불어 세계 5대 갯벌로 손꼽힌다. 2021년 7월 한국의 갯벌(서천, 고창, 신안, 보성, 순천)이 유네스코 세계자연유산에 등재되면서 고창 갯벌의 가치는 더욱 인정받고 있다.

풍천장어   풍천은 민물과 바닷물이 만나는 바람이 센 지형을 말하는데, 선운사 앞 고랑이
          대표적인 풍천 지형이다. 마을 사람들이 풍천에서 잡은 장어를 강둑에 진을 치고
          화로에 구워 팔기 시작한 것이 풍천장어 유명세의 시초가 되었다.

심원면 앞바다는 펄갯벌이 형성되었고,
남쪽으로 갈수록 동호해변은
모래 갯벌과 백사장이, 구시포해변은
단단한 백사장이 펼쳐진다.
펄갯벌에서는 바지락과 지주식 김을
양식하고, 모래가 섞인 갯벌에서는
자연산 백합을 채취한다.

바지락 주산지

바지락 육수로 밥물을 맞추고 그 위에 생 바지락을 듬뿍 올린 바지락 솥밥은
산지에서 맛볼 수 있는 별미이다. 바지락은 통통하게 살이 오른 5월이 제철이다.

풍천장어의 원조

고창의 장어구이 집마다 장어와 찰떡궁합 곁들이 찬이 나오는데 양념 소스부터
쌈과 장아찌, 김치에 장어탕까지 내공 담긴 맛의 하모니를 발견하는 재미가 있다.

운곡람사르습지

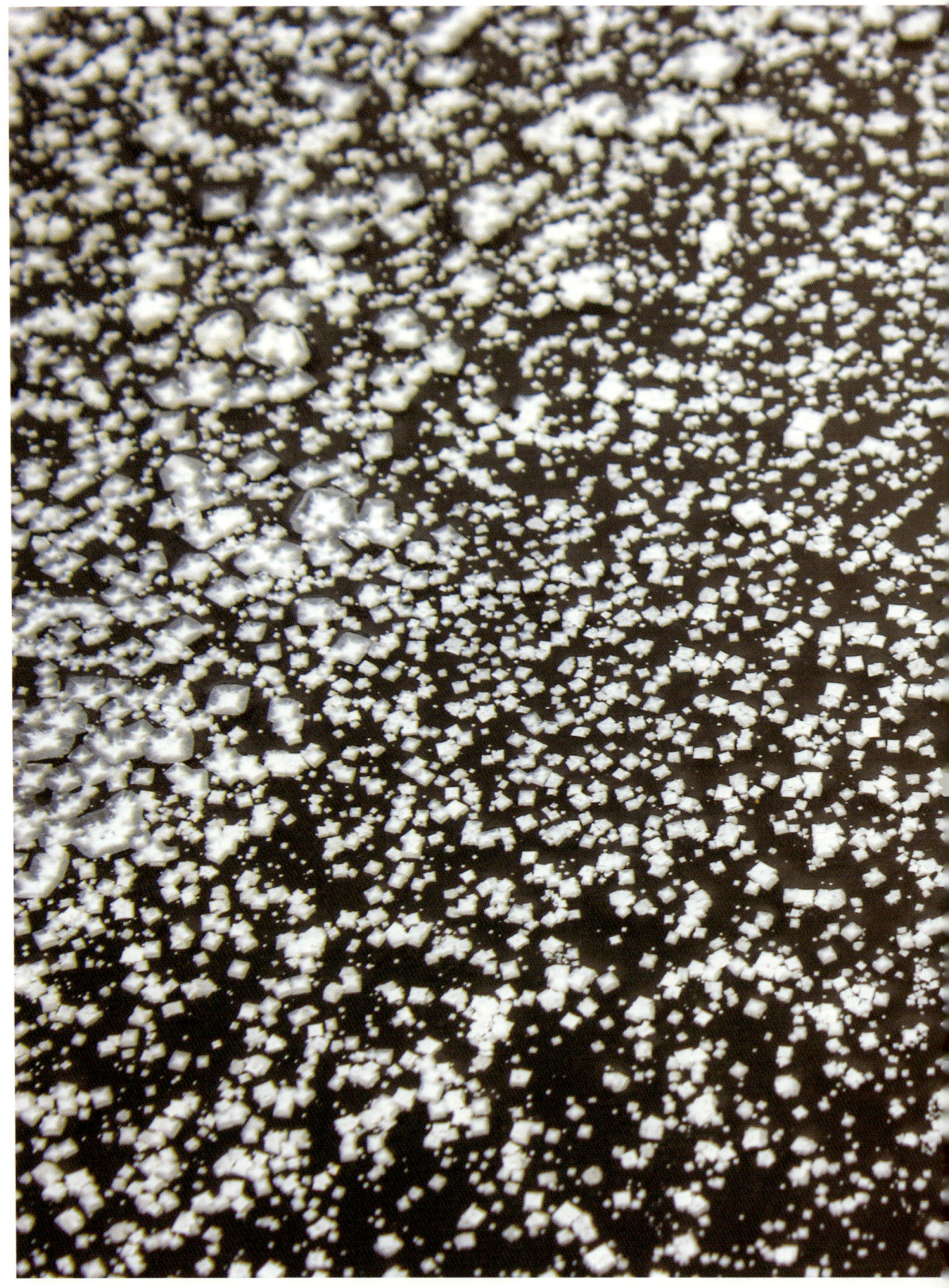

고창 염전　　백제 시대였던 577년, 선운사의 창건 설화는 고창의 염전에서 시작된다.

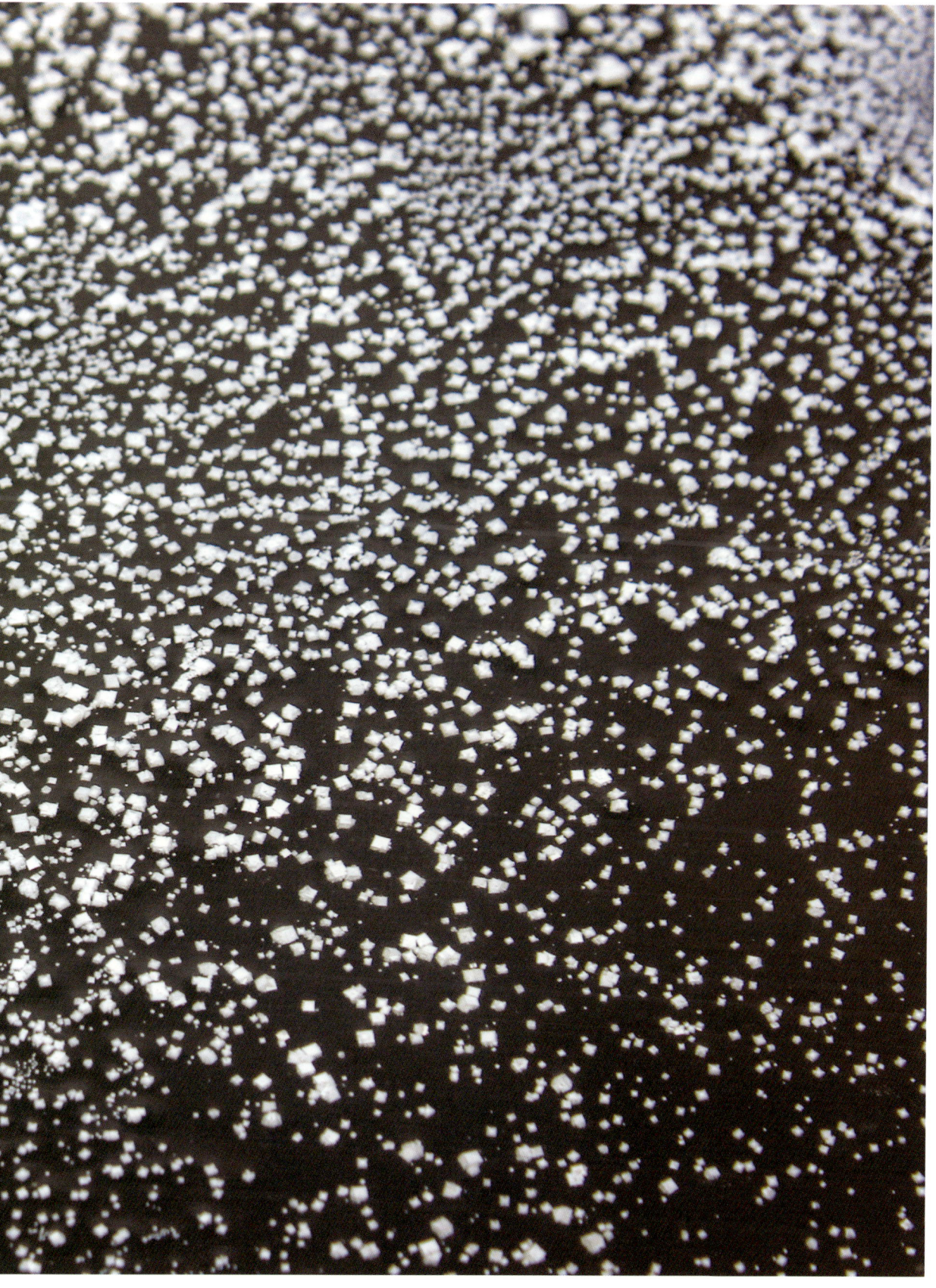

선운산 도솔천

사계절이 모두 아름다운 선운산 도솔천에 물안개가 피어오르고
나뭇잎 사이로 빛이 쏟아질 때면 사진작가들이 손꼽는 절경이 펼쳐진다.

백제 시대 검단선사의 창건 설화를 품고 있는 선운사는 봄에 피는 동백,
여름철 도솔천의 시원한 계곡과 녹음, 가을의 단풍과 꽃무릇,
겨울 설경의 산사 등으로 사계절 빼어난 자연 풍광을 자랑한다.

동림저수지의 가창오리 떼

TRAVEL NOTES

인류의 과거와 현재 그리고 미래를
보고 느끼고 맛볼 수 있는 지역, 고창

컨설팅은 호기심을 밑천으로 얻은 모든 경험을 끌어모아 열매를 맺게 하는 일이다. 그야말로 영혼을 탈탈 털어내는 일. 맹렬한 청춘을 불태워 마흔 즈음에 도착했을 때 더이상 달릴 에너지가 없다는 것을 알아차렸다. 그러나 이미 늦었다. 내 사업의 밑천은 호기심인데 소진된 상태에서는 모든 것이 귀찮게 여겨졌다. 체력이 바닥나고 몸에서는 여기저기 망가졌다는 신호가 쏟아졌다.

30년 된 아파트를 저렴하게 얻어 고창에서 반년 살기 살림을 채웠다. 고창에서 제일 호사롭게 한 것이 매일 아침, 저녁 온천욕이다. 석정온천의 온천수에는 프랑스 게랑드 온천을 능가하는 게르마늄 성분이 들어있다. 거기에 게르마늄 황금 석이 깔린 홀론스파는 화룡점정이다. 멀리 가지 않고도 세계적인 수준의 온천을 경험할 수 있다. 매일 온천욕과 피톤치드 가득한 편백나무 숲 산책 그리고 황토의 기운이 담뿍 담긴 에너지 넘치는 농산물, 갯벌과 바다에서 나는 산지 음식을 먹으니 심신의 기력이 채워지는 건 당연지사다.

게다가 다정한 고창 이웃들과의 교류가 더해지니 일상은 더욱 풍요로워졌다. 고창에서의 하루하루, 어느새 내 몸과 영혼은 서서히 치유되고 있었다.

한반도 인류의 첫 정착지
고인돌의 고장

먹을거리를 찾아 여기저기 떠돌던 인류의 조상 호모사피엔스는 식량이 풍부한 곳에 정착한다. 산과 바다 그리고 평야라는 천혜의 자연환경을 모두 갖춘 고창은 먹을거리를 찾아 길 위의 삶을 살았던 수렵 채집인이 정착하기에 더할 나위 없는 땅이었다. 고창이 '한반도의 첫 수도'라고 불리는 이유다.

우리는 그 흔적을 청동기 시대의 유물인 고인돌에서 찾을 수 있다. 고인돌은 기원전 2000년에서 1000년 사이에 만들어진 것으로 추정하는 고대인의 무덤이다. 고인돌과 함께 이집트 피라미드, 영국의 스톤헨지, 프랑스의 카르나크 열석, 이스터섬의 모아이 등과 같은 고대 거석문화의 발현지는 인류의 중요한 문화유산이다. 고창은 1.8km 구간에 무려 447기의 고인돌이 발견되어 고인돌 밀집도가 40%에 달한다. 명실상부한 세계 최대의 고인돌 밀집 지역으로, 세계문화유산에 등재되어 있다. 고인돌이 대거 발견되었다는 것은 청동기 시대에 고창이 최고 지배자가 사는 사회, 경제, 문화의 중심지였다는 것을 말해 준다.

황토로 둘러싸인
축복의 땅

황토는 잿빛이 나는 황색의 석영이나 장석 등 아주 미세한 입자로 이루어진 퇴적물이다. 땅이 비옥하고 부드러워 농경 생활에 아주 적합한 토양이다. 인류 문화의 발생과 발전도 황토와 밀접한 관련이 있는 것으로 알려졌다.

우리나라에서 특히 고창의 황토는 군 전체 면적의 절반에 가까운데, 다른 지역에 비해 철분 등 무기질 함량이 높아 병충해 발생을 억제하는 효과가 강하다. 또한 미네랄이 풍부해 과일의 당도를 높이고, 동식물의 성장에 필요한 원적외선을 다량으로 내뿜는다.

고창 수박의 당도는 다른 지역보다 1~2도가 높고 맛이 좋다. 여름에 고창을 여행한다면 원 없이 수박을 먹어 보자. 유난히 달고 시원한 고창 수박은 여행의 재미를 한껏 올려 준다. 지금은 고창의 대표 과일이 되었지만, 사실 고창 수박이 전국적으로 유명해진 것은 불과 50년 전이다. 1974년 고창에서는 전국에서 가장 넓은 야산이 개발되면서 본격적으로 노지에 키우는 수박을 심었다. 수박 맛을 결정하는 요소는 기후, 토질, 재배 기술이다. 고창에는 해양성 기후의 특징인 적당한 일조량, 시원한 바닷바람, 모래 진흙이 적절히 배합된 토지가 있어 최적의 재배 환경을 갖췄다.

수박 농사 이후로 고창 농부들이 잘살기 시작했다는데 요즘은 교차 재배로 하나의 하우스에서 수박과 멜론을 이모작해 수박은 5~6월, 멜론은 8~11월에 수확하니, 농가의 소득은 더욱 높아졌다. 12kg 이상의 묵직한 수박부터 작은 애플수박까지 다양한 품종의 수박이 생산된다.

선사 시대 고대인의 정착지이자
원시 생태계가 보존된 땅,
대자연과 아름다운 생명이 꿈틀대는 곳

미식 여행의 완성, 복분자

중국, 유럽 등에서 자라는 외래종인 복분자는 고창 지역
풍토에 적응해 당도가 높고 색깔이 진하며 다양한 기능 및
뛰어난 유효 성분을 갖게 되었다. 고창은 국내 복분자의
30%가 생산되고 있는 최대 주산지이지만, 재배의 역사는
생각보다 짧다. 1987년, 고창군 농업기술센터에서 재배 기술을
보급하며 확대되어 오늘에 이르렀다.

고창 황토의 풍부한 미네랄과 바다의 해풍에 들어 있는
유효 성분이 최상품의 복분자를 만들어낸다. 이런 연유로
고창 복분자는 찾는 이가 많아 해마다 품절 사태다.
나 역시 해마다 단골 복분자 농가에서 제철에 막 수확한
복분자나 원액을 1년 치 사서 쟁여 두고 마신다.
생복분자를 그대로 먹고 싶을 때는 6월 초부터 중순 복분자
수확 철에 맞춰 고창을 방문한다. 장마 전 더위가 반짝
올 때 순식간에 검붉게 익어 버리고 눈 깜짝할 새 수확이
이루어지기 때문이다.

무엇보다 고창에 가면 향토 요리와 함께 복분자주는 꼭
맛보아야 진정한 미식 여행이라 할 수 있다.
복분자 함량이 높은 술부터 깔끔한 뒷맛을 가진 술까지,
복분자주는 와인처럼 브랜드와 가공법에 따라 맛이
천차만별로 다양하니 그 맛을 즐기는 재미를 놓치지 말자.

해양 생태계의 보석, 갯벌

전 세계 200여 국가 중 갯벌을 가진 나라가 몇 곳이나 될까? 그리고 그 갯벌을 터전으로 살아가는 이들을 만나 갯벌 향토 음식을 먹을 기회는 또 얼마나 될까?

우리나라 서남 해안의 갯벌은 세계 5대 갯벌로 꼽힌다. 그중 고창 갯벌은 서남 해안의 대표 갯벌 중 하나다. 고창 해안선의 길이는 88.16km에 달하며 갯벌에는 1차 먹이원이 되는 저서규조류가 194종에 이른다. 이는 고창의 갯벌이 종 다양성 측면에서 세계 최고 수준임을 말해 준다. 한국의 갯벌(서천, 고창, 신안, 보성, 순천)은 유네스코 세계자연유산에 등재되면서 그 가치를 더욱 인정받게 되었다. 삶의 터전을 지켜낸 갯벌 마을 사람들이 있었기에 가능한 일이다.

갯벌의 선물 풍천장어, 바지락

고창은 풍천장어(風川長魚)의 원조 고장으로 잘 알려져 있다. 이러한 명성은 서해와 민물이 만나는 고창의 지역적 특성에서 비롯된다. 풍천장어의 시초는 고창군의 주진천(현재 인천강)과 서해가 만나는 심원면 월산리에 나오는 뱀장어다. 주진천을 두고 고창 사람들은 바닷물과 민물이 합쳐지는 바람이 많이 부는 강, 즉 '풍천'이라 불렀다. 장어는 바다에서 태어나 민물에서 7~9년 살다가 산란을 위해 바다로 가는데, 그전에 바닷물과 민물이 합해지는 곳에서 3개월 정도 적응하는 곳이 바로 풍천이다. 예부터 마을 사람들은 풍천에서 잡은 장어를 강둑에 진을 치고 화로에 구워 팔았다. 먹을 것이 부족했던 시절, 양질의 기름과 단백질로 꽉 채워진 장어 한 점은 귀한 보양식이었다. 고창 풍천장어는 바다 부근의 염도가 높아 고기가 오염되지 않고, 육질이 뛰어나며, 맛이 담백해 장어 중에서도 최고로 꼽힌다. 현재는 양어장에서 장어를 양식해 전국에서 즐길 수 있게 됐지만, 원조 식당의 조리법과 풍경의 운치를 즐기려는 미식가들은 여전히 선운사 앞 원조 풍천장어 식당을 찾고 있다.

또한, 고창은 국내 최고의 바지락 생산지다. 특히 4~5월은 산란철을 앞두고 살이 통통하게 오른 고창의 참바지락을 맛볼 수 있다. 참바지락으로 음식의 육수를 내면 잃었던 입맛도 돌아올 정도의 감칠맛이 난다. 고창을 방문하면 바지락 탕, 바지락 초무침, 바지락 솥밥, 바지락 죽, 바지락 전, 바지락 칼국수까지 바지락 요리의 진수를 경험할 수 있다.

선운사와 소금의 아름다운 인연, 염전

서해와 맞닿은 해안선을 따라 펼쳐진 고창의 간척지에는 드넓은 염전이 펼쳐진다. 일제 강점기에 전국 최대의 천일염 생산지로 명성을 떨쳤던 고창의 삼양사 염전은 지금도 갯벌 천일염을 생산하며 명맥을 잇고 있다. 이곳은 천일염이 국내에 들어오기 전까지 사용하는 전통 제조법인 자염(煮鹽), 즉 화염(火鹽)이 처음 시작된 곳으로 지금까지 그 소중한 전통이 계승되고 있다.

천년 고찰 선운사의 창건 설화가 소금과 관련이 있다는 것을 아는 이는 드물다. 선운사를 창건한 검단선사가 인근 도적들을 개과천선 시켜 양민으로 살게 한 뒤, 소금 제조법 즉 소금을 굽는 방법인 화염법을 알려줘 새로운 삶을 열어 주었다고 한다. 이에 검단마을 사람들이 검단선사의 은덕을 기리기 위해 해마다 봄, 가을이면 소금 두 가마를 선운사에 바쳤다고 전해진다. 지금도 선운사 너머 해안에는 전통적인 방법으로 소금을 굽던 자취를 찾아볼 수 있다. 이러한 전통으로 인해 지금도 선운사의 육법공양(여섯 가지 중요한 공양물) 행사에서 보은염을 공양한다.

다양한 생태자원의 보고, 습지

고창군은 행정구역 전체가 유네스코 생물권 보전지역으로 등재되어 있다. 특히 고창의 운곡습지는 람사르습지(람사르 협약에 의해 생물 다양성 보전을 위해 국제적으로 중요한 가치를 지닌 습지를 지정해 보호하는 것)로 지정되었다. 운곡람사르습지는 생태계의 놀라운 복원력을 보여 주는 국가 생태 관광지이다. 1981년 전남 영광에 한빛 원자력발전소가 들어서면서 발전소 냉각수를 공급하기 위해 운곡 댐이 건설되었다. 댐 건설 후 약 30년간 인적이 끊기자 이곳의 습지가 원시 모습을 되찾았다. 국내에서는 보기 드문 저층 산간 습지로 수달, 황새, 삵, 큰고니를 비롯해 800여 종의 희귀 야생 동식물의 서식처이다.

흙이 좋은
고창 옹기

예로부터 흙이 좋았던 고창에는 도자기 빚는 가마터들이 많았다. 특히 고수면 장암마을은 대대로 내려오는 옹기장이 마을로 500년의 역사를 자랑한다. 옛날에는 온 마을이 옹기 생산에 종사했지만, 산업화에 밀려 지금은 '고창 옹기'만이 7대째 그 명맥을 유지하고 있다.

　장암마을에 가면 비록 3단이 소실되긴 했지만, 국내 유일한 8단 가마터를 볼 수 있다. 장암마을에서 옹기를 빚었던 선조들의 숨결을 느껴 보는 것도 의미가 있다.

INFORMATION

TREKKING
트래킹

1

운곡람사르습지 자연생태공원

비 온 다음 날, 습지에서 피어오르는 물안개는 몽환적인 아름다움을 선사한다. 한여름 이른 새벽이나 여행 중 비가 왔다면 놓치지 말고 감상하자. 생명력 강한 야생 식물(보호종)을 찾아보며 걸을 수 있는 운곡람사르습지 생태 탐방길 트래킹은 고창 여행에서만 즐길 수 있는 특별한 경험이다. 탐방안내소에서는 전기 열차를 타고 운곡저수지를 둘러보고 운곡람사르습지 자연생태공원을 돌아보는 프로그램을 운영하고 있다.

ADD 아산면 운곡서원길 15
TEL 063-564-7076

2

선운사 도립공원

아침잠이 없는 여행객이라면 동틀 무렵의 선운사를 거닐어 보자. 선운산의 골을 타고 바람에 실려 온 숲의 향이 심신을 깨우고 계곡과 울창한 나무 사이로 빛 내림과 물안개가 피어오르는 멋진 풍경을 감상할 수 있다. 숲의 아름다움을 제대로 느끼고 싶다면 선운사 템플스테이를 추천한다.

ADD 아산면 선운사로 250
TEL 063-561-1422

3

고창 고인돌공원

고인돌공원에서의 아침 조깅은 고창을 방문한 여행객에게 이색적인 이벤트가 될 수 있다. 무덤 조깅은 생소하고 으스스할 것 같지만 고인돌공원은 조깅하기 딱 좋은 장소이다. 서울 사람들이 한강을 산책하듯 고창 사람들은 고인돌공원을 산책한다. 알고 보면 무덤 자리는 배산임수 명당 자리이다. 좋은 땅에서 좋은 기운을 받으며 한참을 달리다 보면 어느새 에너지가 가득 충전됨을 느낄 수 있다.

ADD 고창 고인돌 박물관 | 고창읍 고인돌공원길 74
TEL 063-560-8666

4

모꼬지바지락 요리 전문점

바지락 양식장을 운영하는 어부 직영 식당으로 고창 바다의 싱싱함을 푸짐하게 담아낸다. 화학 조미료 없이 오로지 바지락으로만 깊은 감칠맛을 낸 육수가 이 집만의 전매특허이다. 바지락 살이 듬뿍 올라간 솥 밥을 잘 구운 고창 김에 싸서 먹으면 잃었던 미각도 돌아온다. 바지락 정식, 바지락 칼국수, 바지락 죽이 대표 메뉴이다.

ADD 부안면 인촌로 60
TEL 063-561-4568

5

우리풍천장어

고창 읍내의 대표 장어집으로 장어 본연의 맛을 즐길 수 있는 소금구이와 장어탕이 인기다. 탱글탱글 고소한 장어 맛과 정갈하고 푸짐한 밑반찬이 단골 많은 이유다. 평생 고창의 자연과 사람을 카메라에 담아 개인전까지 여는 박현규 사장의 작품을 감상하는 즐거움이 있다.

ADD 고창읍 월암수월길 104-14
TEL 063-563-8882

6

인천가든

삼대째 이어가는 50년 전통의 식당으로 새우탕, 메기탕, 송사리탕 3가지 메뉴만 판다. 보리새우탕은 시원하고 칼칼한 맛이 일품이다. 보리새우는 자연산만 공수해 사용하고 있는데 찾는 이가 많아 금세 동이 난다. 고창의 독특한 식문화인 '짚장'과 황석어젓갈, 토하젓 등은 내림 손맛이 담긴 밑반찬이니 꼭 먹어봐야 한다.

ADD 아산면 원평길 9
TEL 063-564-8643

INFORMATION

CAFÉ 카페

카페 봄날

팥 장인이 운영하는 로컬 카페로, 재료는 모두 고창에서 나는 것을 쓴다. 균일한 크기의 좋은 팥을 골라 무쇠 가마솥에 뭉근하게 오랫동안 끓여 내어 팥 알갱이들은 고슬고슬 살아있으며, 씹으면 부드러운 식감을 낸다. 반나절을 직접 졸여 만든 조청에 가래떡을 찍어 먹는 디저트도 일품이다. 옹심이 팥죽, 팥칼국수와 함께 인생 팥빙수를 맛볼 수 있다.

ADD 고창읍 보릿골로 166
TEL 063-564-1160

7

농부의 카페 사랑새봄

동화 삽화가인 아내와 농부 남편이 운영하는 농부의 카페이다. <빨강 머리 앤>의 만화 속 한 장면이 툭 튀어나온 듯 푸른 들판 위의 아기자기한 카페 외관이 인상 깊은 곳이다. 아름다운 논 뷰를 바라보며 고창 과일로 만든 수제 음료와 수제 프레즐을 즐길 수 있다.

ADD 고창읍 월산길 57
TEL 0507-1354-5848

8

아르메리아

손재주가 좋은 엄마와 화가 딸이 손수 짓고 인테리어한 공방 카페다. 작은 프로방스가 연상될 만큼 꽃들이 만발한 정원과 아기자기한 실내 소품을 보는 즐거움이 있다. 한달살기를 하며 자수와 페인팅 그림을 배우고 힐링하기에 좋다. 직접 구운 빵과 커피가 일품인 브런치 맛집!

ADD 부안면 전봉준로 919-25
TEL 0507-1314-9383

9

힐링카운티

몸과 마음을 치유하는 마을 개념 단지다. 18홀의 골프장을 비롯해 골프 빌라, 게르마늄 석정온천, 온천 병원, 숙박 시설 등 겉으로 보기에는 평범한 휴양지이지만 의료 시스템을 갖춘 시니어 타운이다. 자연 치유력을 이용한 건강과 문화 활동을 함께 챙길 수 있는 시설, 게르마늄 온천수를 이용한 치료 시스템을 갖춘 온천 병원 등을 갖추고 있다.

ADD 고창읍 석정2로 173
TEL 063-560-7300
WEB www.huespapension.com

10

람사르운곡습지 유스호스텔

운곡람사르습지 맞은편에 위치하여 생태 탐방길을 트래킹하기에 좋다. 복층 구조로 개방감 있는 통창을 통해 습지의 풍경을 조망할 수 있다. 조리 시설을 갖춘 다이닝룸과 넓은 거실이 있어 가족 여행객이 많이 찾는다.

ADD 아산면 운곡로 91
TEL 063-560-2717

11

구시포 노을캠핑장

노을이 아름답기로 유명한 구시포 해변의 끝자락에 위치한 캠핑장으로 끝없이 펼쳐진 광활한 백사장이 인상적이다. 해질녘 송림 사이로 보이는 바다 일몰은 손에 꼽을만큼 아름다운 명장면 중 하나다.

ADD 상하면 구시포안길 38
TEL 010-3680-2626
WEB cafe.naver.com/campnoeul

12

INFORMATION

PLACES 장소

13

14

15

16

17

18

19

20

21

13. 도산리지석묘
A 고창읍 지동길 16-6

14. 고창 염전
A 심원면 염전길 85

15. 고창읍성
A 고창읍 읍내리 125-9
T 063-560-8067

16. 고창 해변승마클럽
A 상하면 명사십리로 282-7
T 063-563-0872
W cafe.naver.com/beachridingclub

17. 선운산 농협 웰파크 지점
A 고창읍 석정2로 171
T 063-563-7255

18. 만돌 어촌체험마을
A 심원면 애향갯벌로 320
T 063-561-0705
W mandol.seantour.com

19. 미당시문학관
A 부안면 질마재로 2-8
T 063-560-8058

20. 책마을 해리
A 해리면 월봉성산길 88
T 063-563-9173
W blog.naver.com/pbvillage

21. 보리나라 학원농장
A 공음면 학원농장길 154
T 063-564-9897
W www.borinara.co.kr

ROUTE

태고의 풍요와 아름다움을 간직한 땅에서 인류의 과거와 현재 그리고 미래의 거대한 서사를 보고 느끼고 맛볼 수 있는 코스이다. 수천 년 농업과 어업의 지식을 축적한 후손들이 지켜가는 맛은 감동과 힐링을 선사한다.

DAY 1

1 도산리지석묘 — 5min (drive) 5km
2 '인천가든' — 4min (drive) 2km
3 운곡람사르습지 자연생태공원 — 16min (drive) 15km
4 '농부의 카페 사랑새봄'
7 힐링카운티(석정온천) — 3min (drive) 1.7km
6 '우리풍천장어' — 4min (drive) 1.9km
5 고창읍성 — 4min (drive) 2.4km

DAY 2

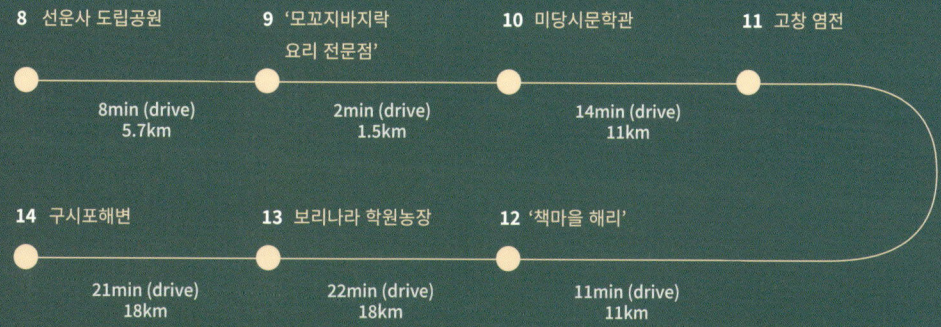

8 선운사 도립공원 — 8min (drive) 5.7km
9 '모꼬지바지락 요리 전문점' — 2min (drive) 1.5km
10 미당시문학관 — 14min (drive) 11km
11 고창 염전
14 구시포해변 — 21min (drive) 18km
13 보리나라 학원농장 — 22min (drive) 18km
12 '책마을 해리' — 11min (drive) 11km

풍요의 길목, 군산

G
U
N
S
A
N

63개 섬들이 산처럼 무리 지어 있는 곳, 군산(群山).
한반도 최대 쌀과 보리가 생산되는 호남평야의 중심이자 서해 뱃길의 길목으로
예로부터 국가 안보와 해상의 요충지였다. 파도가 치는 곳은 문명이 일어나는 곳,
보리처럼 강인한 생명력을 가진 군산인이 말하는 진짜 군산의 맛을 찾아가자.

고군산군도

섬과 바다 사이 바람이 쉬어가는 곳, 고군산군도는 바다에 둘러싸인 섬들이
방파제 역할을 해 풍랑 시 배들이 모이는 피항지였다. 또한, 고려 시대 중국과의
외교 창구이자 조선 시대 국가 안보와 해상을 책임지는 수군 기지였다.

장자도

옥구평야   군산은 일 년에 두 번 초록의 물결, 황금의 융단이 펼쳐진다. 싱그러운 바람이
          불어오는 봄에 군산을 찾는다면 끝없이 펼쳐진 청보리밭을 볼 수 있다.
          보리밭이 사라진 자리에는 쌀이 심어져 가을의 황금 들녘을 만든다.

각종 영양 성분이 풍부한 바닷바람과 금강 하류의 비옥한 토양을 갖춘 군산은
호남평야의 중심이었다. 새만금 간척으로 두 배의 크기가 된 군산은 현재까지도
한국 최대의 쌀, 보리 생산지이다.

옥녀교차로 인근

사진작가들이 사랑하는 최고의
포토존이다. 논밭 한가운데 보이는
편백나무 숲은 마치 동화 속
세상을 보는 것 같다. 편백나무
숲으로 붉은 노을빛이 떨어질 때면
들판 전체에 신비로운 분위기가
감돈다.

죽성포구 (째보선창)

개항 후 '군산에 가면 밥은 먹을 수 있다'라는 소문이
퍼졌다. 전국에서 힘깨나 쓴다는 사람들이 군산으로
모여들었다. 일본의 지주와 관료, 중국의 화교까지
가세하며 국제도시로서의 면모도 갖췄다.
그러나 일본의 수탈에 시달리던 서민들의 삶은 여전히
가난했다. 째보선창에는 그 시절 바다를 터전으로 고기를
잡고 막노동을 하며 해장국에 탁주 한 잔으로 고단한
하루를 달랬던 서민들의 애환이 서려 있다.
'째보'란 언청이의 방언으로 째보처럼 Y자로 움푹 파여 있는
선창을 빗대어 '째보선창'이라 불렀다고 한다.

비응항

새만금 입구에 위치하며 전북 최대 규모의 수산물종합위판장이 있는 2007년 신설된 군산 외항이다. 이곳에서 서해안 특산물인 꽃새우와 꽃게, 멸치, 갈치, 조기 등 다양한 어종이 활발하게 거래된다.

동국사   일제가 떠나고 남긴 흔적은 군산에 그대로 남아 아픈 역사로 기억되고 있다. 그래도 대를 이어 이 땅과 역사를 지킨 손길이 있어, 군산은 오늘날 소중한 근대 역사의 유산이자 살아있는 박물관이 되었다.

적산 가옥이 많이 남아 있는 신흥동은 일제 강점기 때 지주들이 사는 동네였다. 신흥동은 약탈된 문화재의 집결지이기도 하다.

군산 근대문화유산 거리

일제 강점기 때 군산항까지 쌀을 옮기기 위해 철도와 시멘트 도로가 건설됐다.
격자 도로의 신도시가 확장되고 일본인 1만여 명이 거주하며 일본식 가옥과 건물이 들어섰다.

장미동, 월명동, 신흥동 일대는 현재 카페와 갤러리 등이 들어서며 활기차게 재창조되고 있다.

임피역   군산의 근현대 백년사를 품고 있는 기차역이다. 1912년 군산선의
         간이역으로 개통된 후 화물 열차가 다니며 곡실을 실어 날랐다.
         그 후 통근 열차가 운행되다가 2008년에 폐역되었다.

이영춘 가옥

일제 강점기 당시 자혜진료소(현 군산의료원)
소장으로 부임한 이영춘 박사는 식민지 약탈에
피폐해진 동족의 아픔을 치료하기 위해 애썼다.
그는 평생을 가난한 농촌 의료 봉사에 몸바친
'한국의 슈바이처'였다.

군산 빵집　　군산은 한국 근대의 제과 공장이 들어서면서 우리나라 최초의 빵과 과자가 만들어진 곳이다. 현재는 저마다의 개성과 경쟁력을 갖춘 로컬 빵집들이 군산의 쌀과 보리를 원료로 빵을 만들며 명성을 이어가고 있다.

군산 짬뽕   군산의 짬뽕거리에 가면 역사 깊은 짬뽕부터 색다른 퓨전 짬뽕을 선보이는 가게까지 취향대로 다양한 짬뽕을 맛볼 수 있다.

군산 막걸리   군산은 쌀의 도시이자 술의 도시이다. 농사와 노동으로 고단한 서민들에게 막걸리 한 잔은
희노애락을 함께하는 친구였다. 발효가 한창인 술독은 보글보글 기포가 올라오며 자글자글
끓는 소리가 난다. 흰찰쌀보리로 만든 막걸리는 묵직하고 깊은 옛 막걸리 맛이 난다.

GUNSAN

군산 수제 맥주   군산은 이제 전통주를 넘어 수제 맥주의 메카로 떠오르고 있다.
 죽성포구 앞 옛 수협창고는 수제 맥주 양조장 '비어포트'로 탈바꿈하여
 군산의 새로운 명소가 되었다. 이곳에서는 대부분 수입에 의존했던
 보리 맥아를 직접 재배하여 수제 맥주를 만들고 있다.

GUNSAN

울외 주박 장아찌

술(정종)을 빚고 남은 찌꺼기인 주정박에 박과 열매인 울외를 묻어 숙성시킨 장아찌다.
근대 일본의 식문화에 영향을 받았던 울외 주박 장아찌는 오늘날 군산인의 밥상에 매일 오르는 대표 특산품이 됐다.

군산 술국

술 인심이 후한 군산인에게 술국은 애환과 피로를 달래 주는 보양식이나 마찬가지다. 말린 쫄복에
속을 편하게 해 주는 아욱이 듬뿍 올려진 개야도식 술국은 깊은 감칠 맛과 시원함이 인상적이다.

도깨비시장   새벽에만 반짝 열리는 옛 군산역 앞 장터이다. 현재 군산 역사는 사라지고 초고층
아파트가 들어섰지만, 이곳은 여전히 생산자 중심의 직거래 장터가 활발히 열린다.

TRAVEL NOTES

미식 로드를 따라 발견한 새로운 군산

일찍부터 군산은 '쌀의 군산'으로 불릴 정도로 최대 쌀 생산지이자 물류지인 경제의 중심 도시였다. 기름진 평야에서 짭조름한 해풍을 맞으며 자란 쌀과 보리가 가득하고, 산과 들, 강과 바다의 조화가 어우러진 아름다운 자연환경이 있으며, 과거와 현재 그리고 미래가 시너지를 이루며 공존하는 독특한 역사를 품고 있는 곳이다.

"이렇게 에두르고 휘돌아 멀리 돌아온 물이, 마침내 황해 바다에다가 깨어진 꿈이고 무엇이고 탁류 째 얼러 좌르르 쏟아져 버리면서 강은 다하고, 강이 다하는 남쪽 언덕으로 대처 하나가 올라앉았다. 이것이 군산이라는 항구요, 이야기는 예서부터 실마리가 풀린다."

- 장편소설 《탁류》중에서

《탁류》의 작가 채만식 선생은 고향인 군산을 배경으로 당시 한민족의 삶과 시류에 따라 수시로 뒤바뀌는 인간 군상을 표현했다. 소설을 읽으면 100년 전 군산인의 삶의 모습과 도시의 형태, 지형, 일제 강점기 당시 식문화도 유추할 수 있다. 탁류를 의미하는 문장인 '에두르고 휘돌아 멀리 흘러온 물이 바다와 합쳐지는 곳', 이곳이 바로 원시 시대부터 인류가 정착하여 곡식 농사를 짓기 시작한 곡창 지대 호남평야의 시작으로 군산의 식문화를 설명하는 실마리기도 하다.

한반도 식량 창고이자
물류의 중심지

군산은 무엇보다 지역의 특징과 역사를 살펴봐야 할 도시이다. 군산의 모든 문화와 이야기는 역사와 연결되어 있다. 풍요로운 땅이어서, 물자를 나르기 유리해서, 시대의 흐름에 따라 떠밀려 성장한 군산의 역사를 알아갈수록 여행이 한층 더 깊어짐을 느낀다.

서해를 바라보며 금강과 만경강 하구 사이에 자리한 군산은 옥구평야를 중심으로 농경 문화가 발달했으며, 우리나라에서 가장 넓은 재배지에 쌀과 보리가 생산되는 한반도의 식량 창고다. 화폐가 없던 시절에는 쌀이 화폐 대용 물물 교역의 중요 수단이었다. 조선 중종 때는 쌀과 면포를 세금으로 걷으면서 호남평야 일대의 쌀을 보관하기 위해 쌀 창고인 군산고(군창)를 세웠다. 이렇게 모인 곡식은 바닷길을 이용하여 인천까지 옮긴 후 서울로 보내졌다.

이러한 연유로 일제 강점기 당시 일본은 국내 각지의 각종 물자와 쌀을 수탈하기 위해 1899년 5월에 군산항을 개항시켰다. 1900년 8월에는 군산과 오사카(大阪)를 잇는 직항로를 개설하여 일본 본토와 직교역이 가능하도록 하였고, 또한 수탈의 가속화를 위해 1914년 대전에서 목포를 연결하는 약 261.3㎞의 철도를 건설했다. 이어 익산에서 군산으로 이어지는 24.8㎞의 철로까지 완공시켜 호서, 호남, 영남의 곡식과 수탈 물품들을 군산항에 집결시켰다. 당시 군산항의 물자 중 일본으로 반출되는 수출품이 99%였고, 그중 80%가 쌀이었다.

'군산 드림'을 꿈꾸며
항구로 모여들다

조그마한 촌에 불과하던 군산이 짧은 기간에 근대적 도시로 성장할 수 있었던 것은 호남평야와 항만을 끼고 있었기 때문이다. 1934년, 수탈된 쌀의 양은 228만 5,114석(石)으로 가파르게 증가하여 연간 약 백만 석이 오사카, 고베, 나고야, 도쿄 등 일본 각지로 반출되었다. 군산부사의 당시 기록을 보면 일본에서 군산 쌀은 대단히 맛이 좋은 인기 있는 쌀이라고 되어 있다. 한때(1990년대) 한국에서는 일본의 고시히카리, 아키바리 쌀 맛이 좋다고 했던 것을 생각하면 아이러니한 점이다.

"군산에는 3대 이상 살아온 사람들이 없어요."

군산문화원 이복웅 원장은 현재 군산에 사는 사람들 중 진짜 군산 토박이는 거의 없다고 한다. 일제 강점기 당시 일본인들의 집단 거주촌을 만들기 위해 작은 어촌 마을인 군산을 정비하여 신도시를 만들었다. 당시 쌀이 모이는 곳은 돈이 모이는 곳이자 노동력이 모이는 곳이었다. 배고프던 시절 돈을 벌기 위해 전국에서 힘깨나 쓰는 남자들은 군산 드림(군산으로 가면 굶주림은 면할 수 있다)을 꿈꾸며 이곳으로 모여 들었다. 그래서인지 군산의 음식은 값비싼 요리, 조상을 위한 제수 음식이 아닌 모여든 노동자들을 위한 서민적인 음식이 주를 이룬다.

특히, 노동의 애환을 달랬던 탁주 한잔은 지금까지 이어져 군산 사람들의 후한 술 인심으로 남아 있다. 군산 지역 곳곳에 있는 선술집, 해장국(술국) 집은 여전히 지역 단골들의 사랑으로 명맥을 이어간다.

비옥한 땅에서 해풍을 맞으며
단단히 영그는 쌀과 보리

군산의 밥상, 보리너리

군산에는 쌀과 보리로 1년에 두 번 초록과 황금 융단이 펼쳐진다. 싱그러운 바람이 불어오는 5월의 군산에서는 청보리가 넘실대는 풍경을 곳곳에서 만날 수 있다.

찰진 흰찰쌀보리와 신동진쌀로 지은 밥에 울외 주박 장아찌와 전라도 손맛이 담긴 찬을 곁들인 군산 밥상으로 배를 채우고, 논밭 사이 철길을 지나 근대 문화유산 유적지를 다니다 보면, 마치 백 년 전 군산 사람이 된듯하다. 농협에서 운영하는 로컬 푸드 매장에서는 군산의 쌀과 보리는 물론 막걸리, 한과, 주박 장아찌, 해산물 등을 구입할 수 있다.

단짠 단짠한
빵과 짬뽕의 시작

군산에 오면 꼭 먹어 봐야 하는 음식으로 손꼽히는 빵과 짬뽕은 그 역사를 알고 먹으면 더욱 의미가 있다. 일제 강점기에 쌀 수탈의 가슴 아픈 역사를 간직하고 있는 군산은 아이러니하게도 개항 도시의 면모를 갖추며 새로운 식문화와 제빵 기술이 빠르게 전파됐다. 처음에는 낯설고 값비싼 음식이었던 빵과 짬뽕은 근대 산업이 발달하며 간편하고 저렴한 대중 음식으로 변화했다.

일제 강점기 서양의 제과제빵 기술과 함께 들어온 빵은 달콤하고 저렴하며 휴대가 간편한 한 끼 식사 대용으로 바쁜 군산 사람들의 입맛을 사로잡았다. 국내에서 가장 오래된 빵집인 '이성당'을 중심으로 숙련된 기술을 갖춘 동네 빵집들이 속속 생겨났다. 오늘날 군산은 그 어느 지역보다 동네 빵집이 굳건히 자리 잡은 곳으로 유명하다. 군산에 오면 동네 빵집 투어를 꼭 해 보자. 특히 군산의 특산품 흰찰쌀보리 100%로 만든 빵과 케이크, 쿠키는 꼭 맛봐야 할 필수 메뉴다. 밀가루를 잘 못 먹는 이들이 물어물어 찾아가는 빵집들이다.

한편, 근대 시대 군산에 살았던 산둥 지역 화교들의 초마면이 얼큰한 탕 음식을 좋아하던 사람들의 입맛에 따라 변형된 것이 오늘날 군산 짬뽕의 시초가 됐다. 빵과 짬뽕은 현대로 이어지며 간편하고 저렴한 대중음식으로 변화했고, 지금은 군산을 찾는 많은 관광객에게 꼭 먹어 봐야 할 음식 관광의 대표적인 아이템이 되었다.

군산에 오면 꼭 먹어보는 음식,
빵과 짬뽕은 역사와 함께 맛볼 수 있는 군산의 참맛이다.

가양주부터 맥주까지, 군산 브루어리

군산은 '쌀의 도시'이자 '술의 도시'다. 쌀이 풍부한 데다 사람들이 모여드는 곳이라 자연스레 술 문화가 발달했다. 집집마다 술을 빚던 전통술이 일제의 가양주 금지법에 따라 사라지면서 근대에는 일본의 청주 문화가 유입되었고, 해방 후 군산의 백화양조(현 롯데주류)가 주류 시장을 이끌었다. 사라져 가던 군산의 술 제조는 1970년대 초 11개 양조장을 합병한 군산양조공사가 명맥을 이어나가 현재는 막걸리(보리＋막걸리)와 쌀막걸리가 애주가들의 사랑을 듬뿍 받고 있다.

군산 사람들의 희로애락을 함께 했던 술 문화는 이제 전통주를 넘어 수제 맥주로 영역을 넓히고 있다. 2019년 국내 최대의 맥아 공장이 군산에 완공되었으며, 이곳에서 대부분 수입에 의존하고 있는 수제 맥주 시장에 맥주 원료를 직접 공급할 예정이다. 바야흐로 쌀의 도시 군산이 수제 맥주의 메카가 되고 있다.

째보선창 앞에 오래된 수협 창고가 2021년 12월 수제 맥주 공장과 시음장인 '군산 비어포트'로 탈바꿈했다. 이곳에서 군산 맥아로 만든 최상의 맥주를 취급하며 군산 브루어리 마스터들이 선보이는 16가지 이상의 개성 만점 수제 맥주를 선보인다. 특히 해질녘 노을빛에 물든 바다를 보며 마시는 맥주 한 잔은 군산 미식 여행의 정점이다.

국제적인 관광지로 발돋움하는
천혜의 비경 고군산도

서해를 시원하게 가로지르는 연륙교를 따라 고군산군도를 볼 수 있다. 군산 앞바다에는 점점이 수놓인 63개의 크고 작은 섬들이 있다. 세계에서 가장 긴 새만금 방조제로 육지와 섬이 이어져 천혜의 비경을 가진 고군산군도가 국제적인 관광지로 발돋움하고 있다.

1890년 만경강 하류(현 새만금 안쪽)를 매립한 국내 첫 간척지 군산이 21세기 새만금의 중심 도시로 발전하는 모습이 놀랍다. 새만금에 오면 단군 이래 최대의 간척사업의 거대한 규모에 놀라고, 고군산군도의 수려한 경관과 바다가 선사하는 풍부한 해산물, 볼거리, 먹을거리, 즐길 거리에 또 한 번 감탄하게 된다. 서해를 시원하게 가로지르는 다리를 따라 구석구석 숨은 섬의 비경을 찾아가 보자.

금강이 바다로 가는 마지막 길목,
점점이 수놓인 63개의 크고 작은 섬들

INFORMATION

BAKERY 빵집

1. 빵 굽는 오남매

오남매가 모두 빵집을 운영하고 있는데, 그중 셋째가 운영하는 곳이다. 30년 경력의 사장님이 몸에 좋고 소화도 잘 되는 100% 군산 흰찰쌀보리로 60여 종의 빵을 굽는다. 특히 찰보리호두건강빵, 찰보리초코파이, 보리견과쿠키, 보리 붓세가 유명하다. 군산역사박물관 근처에 주말에만 여는 2호점도 운영 중이다.

ADD 오룡로 65-1
TEL 063-463-8186

2. 홍윤 베이커리

맛과 내공이 가득한 현지인들이 사랑하는 동네 빵집으로, 빵을 만드는 재료와 비법을 목숨처럼 지키는 '군산 최초 기능장의 집'이다. 쌀 제분기까지 들여와 직접 도정해 빵을 만드는 열정은 물론 지역 특산품을 위트 있게 재해석해 빵을 만드는 것으로 유명하다. 군산의 대표 음식인 짬뽕을 접목한 '짬뽕빵'도 인기다.

ADD 축동안길 40
TEL 063-461-0445

3. 영국 빵집

외관부터 옛날 빵집 느낌이 물씬 풍기는 이곳은 영화 <말죽거리 잔혹사> 촬영지로도 유명하다. 2대째 아버지와 아들의 이름을 걸고 건강하고 맛있는 빵을 묵묵히 만들어가고 있다. 지금은 보편화된 군산 흰찰쌀보리 빵을 처음 만들어 기술을 무상으로 이전하고 동네 빵집 활성화에 앞장섰다. 특히, 인기가 많은 보리만주와 단팥빵은 팥 앙금이 달지 않고 담백해 인기가 높다.

ADD 대학로 144-1
TEL 063-466-3477

장국명가

'장국'은 식당 주인의 이름으로, 자신의 이름을 내걸고 식당을
운영한다. 전직 피아니스트인 식당 주인은 누군가의 귀뿐만 아닌
오감을 행복하게 해 주고 싶어 식당 주인으로 전업했다.
몸에 해로운 화학 조미료나 방부제는 일절 사용하지 않는다.
마당 장독대를 차지하고 있는 직접 담근 각종 장아찌가
군산 보리밥과 취나물 돌솥밥의 풍미를 더한다.

ADD 새터길 25
TEL 063-443-3680

4

보물섬 실비식당

군산 사람들이 외지 손님들에게 추천하는 곳으로 신선한 제철
식재료와 푸짐한 찬이 골고루 나오는 곳이다. 주인장이 내주는 제철
해산물이 한상 가득 차려지면, 술 한잔을 곁들여 푸짐한 식사를 즐겨
보자. 자연산 회와 철판 아나고볶음이 인기 메뉴다.

ADD 평화길 126-3
TEL 063-445-1464

5

소라아구복

술 좋아하는 군산의 미식가들이 추천하는 해장국집이다.
말린 졸복에 갖가지 해산물로 우린 맛국물과 된장으로 간을
맞추고 아욱을 수북이 올린 졸복탕이 대표 메뉴이다. 병어찜,
밴댕이 젓갈과 무침, 갖가지 김치의 찬들이 바닷가 집밥 맛
그대로다. 군산 개야도 출신인 주인 부부가 어머니 손맛을
그대로 재현했다.

ADD 솔꼬지3길 30
TEL 063-467-3711

6

INFORMATION

CAFÉ & BREWERY 카페와 양조장

7

갤러리 카페 공감선유

갤러리 카페로 군산 옥구평야에 위치한 논밭 뷰 명당이다.
백희성 건축가의 설계로 공간의 아름다움과 젊은 예술가들의 작품이 멋지게 조화를 이룬다. 야외 산책로가 잘 조성되어 호젓한 풍경을 즐길 수 있다.

ADD 옥구읍 수왕새터길 53
TEL 063-468-5500

8

카페 라파르

장자도의 해안가 작은 땅 위에 차곡차곡 쌓아 올린 땅콩건물 카페다. 고군산군도에 업무차 왔다가 섬에 반해 정착하게 됐다는 카페 지기의 말처럼 탁트인 바다 전망이 마음의 안식처가 된다.

ADD 옥도면 장자도2길 31
TEL 070-8813-8800

9

수제 맥주 양조장 '비어포트'

째보선창 앞 오래된 수협창고를 리모델링한 '째보스토리 1899'. 그 건물 1층에 자리한 비어포트는 수제 맥주 공동 양조장의 브루어리 마스터들이 군산의 맥아와 쌀을 원료로 만든 수제 맥주를 생산한다. 군산 내항의 풍경을 보며 수제 맥주를 맛보노라면 100년 전 군산인이 된 듯한 기분이 든다.

ADD 해망로 146-24
TEL 0507-1354-5848

군산 내항

늦은 오후, 근대역사박물관에서 뜬다리 부두(부잔교)를 지나 군산 내항을 따라 째보선창까지 걸어 보자. 타이밍이 잘 맞았다면 땀이 촉촉이 배어날 즈음 째보선창의 노을을 볼 수 있다.
하늘을 가득 물들인 항구의 노을은 이국적인 분위기를 자아내며 여행자의 하루를 근사하게 마무리해 준다.

ADD 해망로 240
TEL 063-454-7870

10

대장봉 전망대

새만금방조제를 지나 신시도, 무녀도, 선유도, 장자도까지 이어지는 도로를 따라 차로 갈 수 있는 마지막 섬이 대장도이다. 여유 있는 걸음으로 40분 정도 계단을 따라 오르면 대장봉 전망대에 도착한다. 고군산군도의 해상 절경을 봐야 진짜 군산 여행이 완성된다. 섬과 섬 사이로 지는 일몰이 풍경 백미다.

ADD 옥도면 장자도1길 75(공영 주차장)
TEL 063-465-5186

11

국립 신시도 자연휴양림

2021년 3월 개장한 친환경 휴양림이다. 국립 휴양지 중 가장 넓은 규모(12만㎡)를 자랑한다. 고군산군도의 절경이 한눈에 들어오도록 객실이 배치되고 4km에 이르는 해안 산책로가 조성돼 있어 산과 바다 풍경을 모두 감상하며 트레킹할 수 있다. 숙박은 예약 경쟁이 치열하지만, 산책을 위한 당일 입장도 가능하다. 방문하기 전에 예약은 필수이다.

ADD 옥도면 신시도길 271
TEL 063-464-5580
WEB www.foresttrip.go.kr

12

TREKKING 트레킹

GUNSAN

INFORMATION

PLACES 장소

13

14

15

16

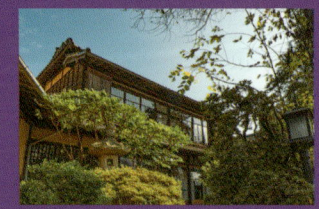
17

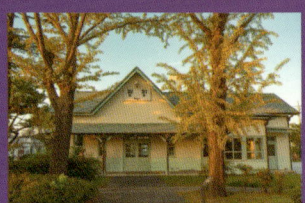
18

19

20

21

22

23

24

---

13. 게스트하우스 '다호'
A 구영7길 101
T 010-9725-8810

14. 게스트하우스 '이웃'
A 구영1길 11-2
T 010-4048-8811
W blog.naver.com/chunulumi

15. 이영춘 가옥
A 동개정길 7
T 063-452-8884

---

16. 동국사
A 동국사길 16
T 063-462-5366

17. 신흥동 일본식 가옥
A 구영1길 17
T 063-454-3315

18. 임피역
A 임피면 서원석곡로 2-5
T 063-454-3923

---

19. 은파 호수공원
A 은파순환길 9
T 063-454-4896

20. 비응항
A 비응도동 91

21. 경암동 철길마을
A 경촌4길 14

---

22. 하나로마트 군산 농협 홍보관
A 해망로 224
T 063-452-1234

23. 도깨비시장
A 대명동 군산화물역 사거리

24. 선유도 백사장
A 옥도면 선유도리

ROUTE

너른 들판과 바다가 마주한 풍요의 땅 군산을 돌아보자.
빼앗긴 땅에도 뜨거운 봄을 피워낸 강인한 군산인의 삶과
근대 역사를 깊이 있는 맛으로 경험할 수 있는 여행 코스다.

DAY 1

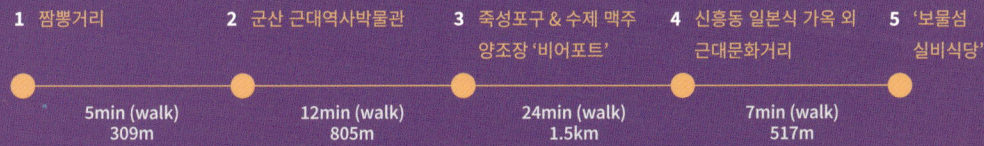

| 1 짬뽕거리 | 2 군산 근대역사박물관 | 3 죽성포구 & 수제 맥주 양조장 '비어포트' | 4 신흥동 일본식 가옥 외 근대문화거리 | 5 '보물섬 실비식당' |

- 5min (walk) 309m
- 12min (walk) 805m
- 24min (walk) 1.5km
- 7min (walk) 517m

DAY 2

| 6 도깨비시장 | 7 군산 로컬 빵집 브런치 or '소라아구복' | 8 비응항 | 9 대장봉 전망대 |

- 12min (drive) 6km
- 22min (drive) 18km
- 30min (drive) 24km

| 12 '장국명가' | 11 새만금 돌고래쉼터 | 10 '카페 라파르' |

- 33min (drive) 32km
- 17min (drive) 15km
- 5min (walk) 400m

생명의 젖줄, 임실

I
M
S
I
L

한 마을의 음식은 자연환경, 역사, 문화, 기술, 사람의 영향에 따라 같은 식재료라 해도 전혀 다른 맛을 낸다. 그것을 두고 와인 소믈리에에서는 '떼루아'라고 표현한다. 언제부터 왜 그것을 먹기 시작했을까? 호기심을 갖고 식재료 탐험을 하면 여행의 재미가 배가 된다. 임실 하면 자연스레 떠오르는 이름 치즈, 무슨 연유로 치즈가 한 산골 마을의 대표 상품이 되었을까? 치즈의 맛을 음미하며 생산지를 탐방하듯 임실 치즈너리를 떠나 보자.

섬진강 상류

'알차고 충실한 열매를 맺는다'라는 뜻을 지닌 임실은
노령산맥 동쪽에 위치한 산간 지대로 섬진강 500리가 시작되는 곳이다.

국사봉 일출

넘실거리는 운무 사이로
노령산맥의 능선이 겹겹이
모습을 드러낸다. 당나귀의
귀처럼 쫑긋 솟은 마니산의
정상이 보인다.

붕어섬

옥정호의 봄

신록의 계절이면 연둣빛 잎사귀들이 하늘거리며 청량함을 선사한다.
3월 말 벚꽃이 절정을 이루면 옥정호의 수변 길은 낭만의 꽃길이 되고,
5월 작약이 만발하면 울긋불긋 아름다움에 취한다.

지정환 신부   1964년, 벨기에 출신 지정환 신부는 전쟁 후 피폐해진
산촌 마을의 선교사로 임실성당에 부임되었다.

한국 최초의 치즈

임실읍 성가리는 한국 최초로 치즈가 만들어진 곳이다.
지정환 신부의 사저와 치즈 가공장이 기념관으로 보존되어 있다.

임실성당 1956년 설립된 임실성당은 천주교 신자들의 성지 순례 코스이자 치즈를 사랑하는 여행자의 순례지이다.

임실 목장의 하루는 새벽 5시에 시작된다.

첩첩산중 5만 평의 초지에는 자연 그대로의 환경과 가깝게 산양을 방목하여 기르고 있다.

'두마리목장'

심요섭 목장주는 다섯 살 때 목사인 아버지를 따라 임실에 왔다. 지정환 신부와 동네 사람들이 한창 치즈를 만들 때였다. 종교는 달랐지만 가난한 주민들의 삶을 일으키고자 했던 두 분은 뜻이 잘 통하셨다고 한다.

어릴 적에 보고 자란 환경은 한 사람의 일생에 자연스레 스며든다. 군 제대 후 서울에서 직장생활을 하던 그는 마을 일을 도울 사람이 필요하다는 말을 듣고 곧장 임실로 내려와 자연스럽게 치즈 사업을 시작했다. 산양 두 마리로 시작한 지정환 신부님의 뜻을 따라 목장 이름을 '두마리목장'으로 지었다.

'두마리목장'은 임실에서 유일하게 우유에 산양유를 결합한 치즈와 요거트를 만드는 목장이다. 원재료 외에 다른 첨가물은 전혀 들어가지 않아 건강하고 담백하며, 그러면서도 깊은 풍미가 살아 있는 제품들을 생산한다. 2015년 '임실 자연치즈 콘테스트'의 신선 치즈와 숙성 치즈 부문에서 부부가 사이좋게 각각 대상을 수상한 실력자들이다.

'임실농부목장'

스물두 살에 낙농업을 시작해 구워 먹는 치즈 열풍을 일으켰던 아버지의 뒤를 이어 지금은 이산하, 이준학 남매가 목장을 이끌고 있다. 어릴 적부터 남매에게 목장은 일상이었다. 유년 시절에는 초지 썰매 타기와 송아지 우유 주기 같은 체험 프로그램을 놀이처럼 즐기면서 자연스럽게 목장 일을 도왔다.

동물들과 교감하며 사랑하는 마음을 듬뿍 키웠다. 동물자원학과를 졸업한 남매는 실무와 이론을 겸비한 전문가로 성장했다. 아버지의 뜻을 이어가되, 더 향상된 기술로 더 좋은 치즈를 생산하겠다는 뚜렷한 목표를 갖고 있다. 더욱 많은 사람이 다양하고 맛있는 치즈를 쉽게 접할 수 있으면 좋겠다는 임실 치즈의 차세대 실력파들이다.

'목장의아침'

지정환 신부가 치즈를 만들던 초창기 시절, 성가리 치즈 공장에 우유를 납품하며 낙농업과 인연을 맺었다. 오수면에 있던 그의 농장은 성가리 치즈 공장에 납품하던 업체 중 가장 멀리 있는 농장이었다. 당시만 해도 교통이 발달하지 않아 자전거로 족히 2시간은 걸리는 거리였지만, 자전거에 우유를 가득 싣고 10년 동안 매일 아침 그 먼 길을 오가며 열정을 쏟았다.

체력과 부지런함, 낙농은 이 두 가지가 바탕이 되지 않으면 할 수 없는 일이라고 말하며 내미는 그의 손은 거칠고 투박하지만 강인함이 넘친다. 칠순이 넘었는데 아직도 농장 일을 직접 건사하고 있다. 소에 관해서만큼은 자신을 따라올 사람이 없다고 자부한다.

자식들에게도 낙농업을 물려주고 싶어 일찌감치 큰아들과 함께 농장을 운영해오다 2017년부터는 임실치즈농협에서 생산 관리자로 근무했던 막내아들이 합류해 더욱 막강한 농장이 되었다. 체험 농장을 운영하는 며느리들은 방문객들에게 치즈와 요거트를 아낌없이 대접하며 임실 치즈 홍보대사 역할을 톡톡히 하고 있다.

일 년의 기다림

1kg의 원유로 100g의 치즈가 만들어진다. 진하게 농축된 치즈는 매일 소금물로 적신 면보로 표면을 닦으며 1년 이상의 성성을 기울여 맛을 낸다. 발효 과정에서 생긴 우유 덩어리 속 기포를 '치즈의 눈'이라 부르며, 잘 발효된 치즈 단면에는 아미노산의 결정체인 흰색 가루가 콕콕 박혀 있다.

숙성 치즈

임실의 농장에서 직접 짠 국내산 원유를 사용해 최소 4개월에서 최대 1년까지 정성을 담아 숙성시킨 치즈다. 숙성 기간에 단백질과 지방의 분해가 일어나 치즈 고유의 냄새가 나며, 숙성 기간에 따라 내부 조직이나 맛, 풍미가 달라진다.

1 라클렛 치즈는 스위스 알프스에서 좋은 목초를 먹고 자란 소의 생우유를 사용해 3~6개월간 숙성시켜 만든다. 임실에서도 국내산 원유로 스위스 못지않은 양질의 라클렛 치즈를 생산한다. 열에 부드럽게 잘 녹으며 짠맛이 강하다.

3 콜비 치즈는 체다 치즈처럼 오렌지색을 띠지만 수분 함량이 높아 더 부드러운 맛이 난다. 국내산 원유로 만들어 더욱 부드러운 풍미를 자랑하는 임실의 콜비 치즈는 그냥 먹어도 좋지만 카나페, 샐러드 등에 곁들여 먹으면 더 좋다.

2 청정 지역 임실에서도 고품질 베르크 치즈를 생산하고 있다. 겉은 황갈색이지만 속은 아이보리 색을 띠고 있고, 수분 함량이 25~30%인 아주 단단한 치즈다. 10개월 이상 숙성 과정을 거치는 정성이 듬뿍 들어간 치즈이기도 하다.

4 갓 만든 고다는 크림처럼 부드럽고 담백하지만, 숙성할수록 깊고 진한 맛이 난다. 12세기에 네덜란드 남부의 상인들이 하우다 지역에 모여 치즈를 팔았던 데서 유래한 이름으로, 우리나라에서는 영어식 발음인 '고다'로 널리 알려졌다.

생 치즈　　임실 농장에서 직접 짠 국내산 원유를 사용해 숙성 과정을 거치지 않고 바로
만들어낸 치즈다. 수분이 많아서 부드럽고, 신맛이 덜하며 고소한 풍미가 있어 누구나
부담 없이 즐길 수 있다.

1 모차렐라 치즈는 표면은 매끄럽고 윤기가 돌며, 70도의 열을 가하면 실처럼 쭉쭉
늘어나는 게 특징이다. 뒷맛이 고소하며 여러 요리에 응용할 수 있어 인기가 많다.
임실 모차렐라 치즈는 철저히 검수한 국내산 원유 99.978%로 만든다.

2 간편하게 찢어 먹는 임실 스트링 치즈는 치즈의 결을 따라 손으로 찢으면
닭 가슴살처럼 결이 일어난다. 쫄깃한 질감과 고소한 맛으로, 언제 어디서나 손쉽게
즐길 수 있어 간식으로 간편하게 즐기기 좋다.

3 열에 강해서 노릇노릇 구워도 녹아내리지 않는 지중해 지역의 신기한 치즈가
임실에서 한국인의 입맛에 맞게 재탄생했다. 할루미 치즈는 씹었을 때 쫀득한 소리가
날 만큼 식감이 탱글탱글하고, 구웠을 때 더욱 깊고 풍부한 맛을 낸다.

옥정호의 물안개 길은 한겨울 설경으로 마주할 때가 가장 환상적이다.

'문화공간 하루'는 전통과 현대가 공존하는 아름다운
공간에서 다도를 배우며 차를 즐길 수 있는 곳으로,
옥정호 전망이 운치를 더한다. 가을이면 목가적
풍경은 더욱 짙어지는데 이때는 마주치는 풍경마다
시상이 떠오를 수 있으니 디지털 노마드처럼 노트북만
가지고 임실에 머물러 보자.

TRAVEL NOTES

맛과 역사에 반한 임실

임실과의 인연은 2003년으로 거슬러 올라간다. TV프로그램 <6시 내 고향>의 리포터 시절 임실치즈마을을 취재하게 되었다. 지금보다 더 초가집이 많았던 임실치즈마을에는 유난히 예스러운 축재가 많았다. 그런데 이런 마을 분위기와는 달리 요거트를 생산하는 공장이 매우 현대적이고 위생적이었다. 또 처음 맛본 걸쭉한 프리미엄 요거트는 얼마나 맛있던지 한 번 맛보고는 홀딱 반해 버렸다. 게다가 500mL 요거트 한 병에 5천 원으로(당시 떠먹는 요거트가 1,000원 대 정도) 높은 가격에 한 번 더 놀랐다.

가마솥 뚜껑을 뒤집어 삼겹살을 굽고 그 위에 쫀득한 치즈를 녹여 마을 어르신들과 맛보던 임실 치즈의 신선한 맛이 아직도 기억에 생생하다. 특히, 취재를 통해 알게 된 한 선교사의 헌신적 인류애가 임실 치즈와 낙농업의 시초가 되었다는 역사 깊은 이야기는 잊지 못할 감동으로 남았다.

임실의 '떼루아'

산, 들, 강이 대부분을 차지하는 인구 3만 명의 소도시 임실은 자연이 잘 보존되어 있어 현대 도시인들에게는 청정 낙원이다. '임실(任實)'이란 지명은 통일신라 때부터 불렸다. 당시 한자 취음으로 '임'은 '그립고 사랑하는 사람', '실'은 '마을'이라는 뜻으로 순우리말이다. 지금은 '알차고 충실한 열매를 맺는다'라는 의미로 불린다.

임실은 해발 250m 높이에 드넓은 목초지가 펼쳐진 자연환경으로 낙농업에 아주 적합하다. 또한, 영호남의 젖줄인 섬진강이 시작되는 곳이기도 하다. 맑고 깨끗한 물이 풍부하여 동식물이 잘 자라고 곡식과 과일은 맛있고 튼실하니, 임실이란 이름이 괜히 붙여진 것이 아니다.

한국 최초이자 최고의 치즈가 만들어지는 곳
특별한 치즈너리 여행 '전북 임실'

임실 치즈 이야기

서양 음식으로만 알려졌던 치즈가 동양의 한 작은 마을에서 시작돼 한 지역의 대표 브랜드가 되기까지, 임실 치즈의 이야기는 1964년부터 시작된다. 한국전쟁 직후에 온통 산으로 둘러싸인 작은 마을 임실은 유난히 가난했다. 이곳에 지정환 신부(디디에 세스테반스)가 온 것은 1964년이다. 그는 전쟁의 상흔으로 고통 받는 사람들을 돕고 싶다는 소명을 품고 임실성당에 부임했다. 그가 마주한 임실은 온통 산과 들에 풀밖에 없었고, 그곳에는 할일이 없다고 한탄하는 가난한 청년들이 있었다.

"풀밖에 없다는 것은 풀이 많다는 것이다.
그래, 지역에 있는 것을 이용하자."

임실은 노령산맥 동쪽에 비스듬히 위치한 내륙 산간 지역으로 고지대에 위치하여 비탈을 이루어 풀이 잘 자라기 때문에 낙농업과 고랭지 농업의 최적지다. 하지만 50여 년 전만 해도 전쟁으로 황폐화된 숲과 논농사가 어려운 지형, 기술 부족으로 인해 가난과 식량난이 대물림되는 산촌 마을이었다.

지정환 신부는 동료 선교사에게 선물 받은 산양 두 마리에서 새로운 희망을 보았다. 그는 마을 청년들에게 산양을 길러보자고 제안했다. 우유 보급조차 제대로 되지 않았던 60년대 후반, 마을 청년들과 생산한 산양유를 임실에서 전주까지 자전거에 싣고 다니며 외국인이 거주하는 곳과 병원에 팔았다. 산양유를 팔아 현금을 만드니 하나둘 마을 사람들이 산양 분양을 요청했고, 산양협동조합(현 임실치즈농협)이 결성됐다. 산양유의 공급이 늘자 이번에는 보관과 저장에 문제가 생겼다. 이를 해결하기 위해 지정환 신부는 고향 벨기에로 돌아가 3년간 치즈 가공법을 배워왔다. 결국, 1967년 한국 최초의 치즈인 까망베르를 만드는 데 성공했다.

1980년 이후가 되어서야 젖소가 보급되며 우리나라 낙농업이 본격화된 걸 감안할 때 60년대 산촌마을 임실의 치즈 제조는 한국 낙농업의 기적이라 해도 과언이 아니다.

명품 치즈를 위해 대를 잇는
치즈 장인들의 숨결

반백 년 한국 치즈 역사를 지정환 신부가 열었다면, 그 쫀득한 힘을 지킨 건 바로 임실 주민들이다. 지정환 신부의 산양 두 마리로 출발한 임실 치즈는 현재 13곳의 목장형 공방에서 직접 젖소와 산양을 키우고 다양한 치즈와 요거트 제품들을 생산하며 각기 다른 맛과 개성으로 전통을 이어가고 있다.

임실 치즈마을은 새벽 5시에 하루가 시작된다. 이슬이 촉촉이 내린 초지 너머로 하나둘 축사의 불이 켜지면 마치 오래 전부터 그래왔던 듯 남자들은 목장에 나가 착유를 하고, 가족들은 치즈를 만들 준비를 한다. 착유장은 목장 나름의 원칙으로 1등급 원유의 규정을 지키며 청결하게 관리되고 있다. 젖소는 하루에 두 번 12시간마다 착유한다. 새벽 5시와 오후 5시가 반드시 지켜야 하는 약속의 시간이다. 목장주들은 소를 가족만큼 아니 그보다 더 귀하게 사육하며 유제품을 만든다고 말한다. 게으르거나 책임감이 없으면 절대 할 수 없는 일이 바로 목장 일이다.

가족의 대소사가 있어도 젖소의 착유 시간은 예외일 수 없다. 실제로 결혼식을 치즈 테마파크에서 하고, 답례품은 치즈로 준비한 후 바로 농장으로 착유하러 간 일화도 있다.

한 시간 남짓 착유가 끝나면 젖소의 아침밥을 줄 차례이다. 영양이 골고루 든 맞춤형 사료로 애지중지 정성껏 젖소를 챙긴다. 이어서 아침 7시 목장 바로 옆 치즈 가공장(HACCP 시설)의 배트에 원유를 옮긴다. 착유에서 불과 30분이 채 안 되어 유제품 가공으로 이어지니 신선하고 고소할 수밖에 없다.

오전이면 요거트와 생 치즈의 공정이 끝난다. 오후에는 임실군 산하기관인 임실치즈N식품 연구소에서 제품의 안전성 검사를 진행한다. 합격한 제품에만 임실N치즈 공식 인증마크를 붙이고 출하 준비를 마친다. 제품의 유통기한을 늘리는 그 어떤 첨가물도 없기에 유통기한은 15일로 짧지만 한번 맛본 이들은 모두 단골 고객이 된다.

임실의 낙농업을 일으킨 지정환 신부의 헌신과 책임을 닮아서인지 이 지역의 목장주들은 삶의 의지가 강하다. 그들의 젖소에 대한 애정을 보고 있노라면 숭고한 기분마저 든다. 목장주들은 초인적인 에너지로 동물을 살피고 길러낸다. 강인한 삶을 살아내는 사람들 곁에 있으면 그 에너지가 고스란히 전달된다. 좋은 기운과 정성은 요거트와 치즈에도 녹아 있어 그대로 전달된다.

고소한 치즈가 익어가는
숙성 치즈를 만나다

유럽 출장을 갈 때면 어김없이 구경하는 곳이 치즈 숍이었다. 갖가지 모양과 다양한 맛을 가진 치즈가 진열대 가득 쌓인 것을 볼 때면 치즈가 주식인 나라에서만 볼 수 있는 광경처럼 여겨져 살짝 부럽기도 했다.

한국의 숙성 치즈는 식품위생법상 매우 까다롭고 엄격한 관리 규정을 받고 있다. 유제품을 생산하는 치즈 공방은 규모는 작아도 모두 HACCP(식품안전관리) 시설 인증을 받은 곳이다. 철저한 소독 관리로 인해 저온 숙성고에 숙성 치즈를 보관하고 있어 자른 그대로 진열대에 쌓아 놓고 파는 모습은 보기가 어렵다.

임실치즈마을의 숙성 치즈는 1년을 발효시켜 상품으로 낸다. 원유 100kg이 있어야 치즈 10kg이 만들어진다. 치즈의 종류마다 관리법은 조금씩 다르나 대부분 발효가 잘 되도록 표면을 소금물로 닦아낸다.

최고의 맛에는 타이밍이란 게 있다. 숙성 치즈는 자른 그날 맛보는 것이 제일 맛나다. 김장 김치 담그는 날 보쌈 삶듯이, 임실로 치즈너리 여행을 간다면 꼭 좋아하는 와인을 챙겨가길 권한다. 막 자른 숙성 치즈를 종류별로 사서 와인과 함께 하는 느긋한 여유, 다른 곳에서는 경험할 수 없는 임실 여행의 진미다. 치즈는 막 생산된 날 가장 맛있는 풍미를 느낄 수 있고, 보관 상태가 잘 유지만 된다면 그 맛을 오랫동안 즐길 수 있다.

INFORMATION

TREKKING 트래킹

1

국사봉 전망대

사진작가들의 발길이 끊이지 않는 곳이다. 동트기 전 국사봉에 올라 새벽 해무가 넘실거리는 일출을 보면 자연의 경이로움에 감탄한다. 국사봉은 주차장에서 사진 촬영 포인트까지 약 30분이면 오를 수 있으며 남녀노소 누구에게나 부담 없는 코스다. 국사봉의 일출을 실컷 감상하고 내려오면 옥정호의 안개도 서서히 걷히면서 아름다운 자태를 드러낸다. 옥정호 가운데 떠 있는 섬은 마치 붕어를 닮았다 하여 '붕어섬'이라고 불린다.

ADD 운암면 국사봉로 624
TEL 063-644-7766

2

강변사리마을

섬진강 상류인 물우리, 일중리, 장암리, 천담리에 있는 마을에서 산촌과 강촌의 낭만을 체험할 수 있다. 자전거 국토종주 섬진강 자전거 길의 시작인 곳으로 섬진 강변으로 자전거 길이 조성되어 있다. 마을에서 운영하는 캠핑장도 잘 갖춰져 있으며, 섬진강 상류에 위치한 구담마을은 고즈넉한 산세와 유유히 흐르는 섬진강을 내려다보는 소박한 산촌마을로 6월이면 신록의 옷으로 갈아입어 산세의 풍경에 몸과 마음을 싱그럽게 만든다.

ADD 덕치면 천담리 89-3
TEL 010-3667-1351
WEB www.gang42.com

3

오수의 견 공원

애견인을 위한 휴양지이자 약 천년 전 임실 오수에 살던 충견 설화가 있는 공원이다. 오수개는 불이 난 것을 모르고 잠든 주인을 구했다는 이야기로 고려의 문인 최자가 쓴 <보한집(補閑集)>에 그 이야기가 전해진다. 실제로 임실군 오수면은 애견인들을 환영하는 펫프렌들리 마을이다. 오수의 견 공원은 체육센터와 잔디밭이 잘 조성되어 있고 애견 훈련장과 놀이터, 캠핑장 등도 갖춰져 있다.

ADD 오수면 충효로 2096-16
TEL 063-640-2941

임실 치즈 테마파크

동화 속 치즈 세상이라는 콘셉트로 임실의 치즈 문화와 역사를 즐길 수 있도록 축구장 19개 규모의 초지 위에 조성된 치즈 테마파크다. 치즈 체험, 낙농 체험, 박물관과 치즈 레스토랑, 카페, 펜션이 한자리에 모여 있다. 테마파크의 치즈 동상 너머로 보이는 마을이 임실 치즈마을이다. 임실군이 인증한 임실N치즈 유가공 제품을 만드는 목장형 치즈 공방이 옹기종기 모여 있다.

ADD 성수면 도인2길 50
TEL 063-643-9540
WEB www.cheesepark.kr

4

임실N치즈하우스 전주점

로컬 푸드 구매는 물론이고 임실 치즈와 요거트가 듬뿍 들어간 그릴드치즈 샌드위치와 치아바타 할루미 샌드위치, 요거트 볼 등 지중해식 브런치 음식을 판매한다. 또한 임실 치즈와 관련된 체험 및 히스토리를 생생하게 접할 수 있고 아기자기한 볼거리와 즐길 거리, 굿즈도 구입하고 만들 수 있다. 지정환 신부가 처음 임실에 부임해서 산양유를 판 곳이 전주라는 점에 착안해 임실이 아닌 전주에 1호점을 열었다. 임실 시내와 전주 시내는 차로 20분 거리다.

ADD 전주시 완산구 홍산중앙로 14
TEL 010-4540-1817
WEB www.imsilncheesehouse.com

5

성가리 벽화마을

우리나라 치즈의 발상지인 임실 치즈에 대한 역사와 치즈 산업의 터전을 세운 지정환 신부의 이야기가 마을 곳곳에 가득하다. 가난한 시골 마을에 부임한 신부의 열정으로 한국 최초의 치즈 산지가 된 과정을 벽화로 감상할 수 있다. 지정환 신부가 처음 세운 국내 최초의 치즈 공장과 마을 사람들과 함께 돌산을 뚫어 만든 21.9m 길이의 동굴 저장고를 복원했다. 그 시절 치열했던 삶의 이야기가 지금은 아름다운 벽화로 남아 마치 동화 속 이야기처럼 따뜻하고 훈훈한 감동을 선사한다.

ADD 임실읍 성가리 665

6

INFORMATION

GOURMET 맛집

7

할매국수집

가성비, 가심비 끝판왕의 인심 후한 할머니의 국수집으로 강진터미널 앞 강진장터에 있다. 장날 어르신들이 국수 한 그릇에 탁주 한잔하며 이웃을 만나는 동네 사랑방 같은 밥집이다.
임실 백양국수 공장에서 뽑은 자연 건조 굵은 국수 면발에 시원한 멸치 육수가 진국이다. 묵은지, 겉절이, 돼지머리 수육 등 곁들이 찬이 너무 훌륭해 4,000원대인 국수 가격을 다시 한번 확인하게 된다. 모든 재료의 맛이 신선하며 양념을 많이 넣어도 맵거나 자극적이지 않다.

ADD 강진면 호국로 14-12
TEL 010-9185-3174

8

성원회관

다슬기 전문 요리점으로 강진터미널과 임실호국원이 근처에 있어 평일에도 손님들로 북적인다. 다슬기가 듬뿍 들어간 맑고 개운한 국물에 손으로 뚝뚝 빚어낸 쫄깃한 수제비가 환상 궁합이다. 다슬기 회무침은 삶은 다슬기에 부추와 칼칼한 고춧가루, 고소한 들기름이 듬뿍 들어간 메뉴로 밥을 넣고 비빔밥을 만들어 한입 먹으면 절로 감탄이 나온다.

ADD 강진면 호국로 44-1
TEL 063-643-1063

9

갈마가든

현지인이 추천하는 단골집으로 식용 청둥오리 요리 전문점이다. 통오리 한 마리에 직접 만든 반찬이 산촌의 손맛을 보여 준다. 오리탕에 김치볶음밥까지 알차게 나온다.

ADD 임실읍 호국로 1880-5
TEL 063-123-4567

CAFÉ 카페

문화공간 하루

정자에서 전통차를 마시며 옥정호의 고즈넉한 풍경을 즐길 수 있다. 이곳에 있는 정자는 조선 말기에 지어졌으며, 고창군 해리면에서 2003년에 옮겨 왔다. 이제는 어엿한 임실의 문화공간으로 자리 잡아 다도를 배우기 위해 멀리서 찾아오는 차 애호가들의 발길이 끊이지 않는다. 눈으로, 맛으로, 마음으로 음미하는 다도이기에 눈길 닿는 곳곳이 비움과 채움의 동양적 아름다움으로 가득하다.

ADD 운암면 강운로 1175-17
TEL 063-643-5076

10

미스티

인스타그램 인증샷이 예쁜 곳으로 젊은 고객들의 사랑을 받는 산토리니 분위기의 카페다. 부지런하고 깔끔한 카페지기 부부의 성격 때문인지 언제 가 봐도 바닥과 통창이 반짝반짝 윤이 난다.
여름철 얼음 동동 진하게 탄 미숫가루 한잔을 마시며 물멍하기에 안성맞춤인 곳이다.

ADD 운암면 종운로 772
TEL 063-223-0772

11

우유일기

임실 치즈마을 내에 있는 '두마리목장'에서 운영하는 카페이다. 부모님과 함께 낙농 가업을 잇고 있는 딸이 운영하고 있다.
'두마리목장'의 우유로 만든 라떼와 생크림을 올린 크로와상이 인기다. 카페 뒤편에 산양 목장이 있어 종종 카페로 아기 산양이 출몰하기도 한다.

ADD 임실읍 치즈마을길 193
TEL 010-9971-7590

12

INFORMATION

PLACES 장소

13

14

15

16

17

18

19

20

21

13. 옥정호 작약밭
A 운암면 운종리 472
Info 개화 시기 5월 20~30일

14. 옥정호 물안개길
A 운암면 마암리 산7

15. 붕어섬 전망대
A 운암면 국사봉로 624
Info 국사봉 전망대 주차장 앞

16. 구담마을
A 덕치면 천담2길 212

17. 전라북도 종합사격장
A 청웅면 청운로 168-46
T 063-643-0104
W www.jbshooting.or.kr

18. 임실성당
A 임실읍 중동로 10
T 063-642-2163

19. 임실 치즈마을
A 임실읍 치즈마을1길 4
T 063-643-3700
W cheese.invil.org

20. 임실 치즈카페 터미널점
A 임실읍 운수로 32
T 063-644-8007
Info 임실 시외버스 터미널 인근

21. 임실N치즈 오수휴게소점
A 오수면 순천완주고속도로 73
T 063-644-6116

ROUTE

임실의 떼루아를 탐험하며 목장형 치즈 공방에서 만든
수제 치즈 본연의 풍미를 즐기는 치즈너리 여행 코스이다.

DAY 1

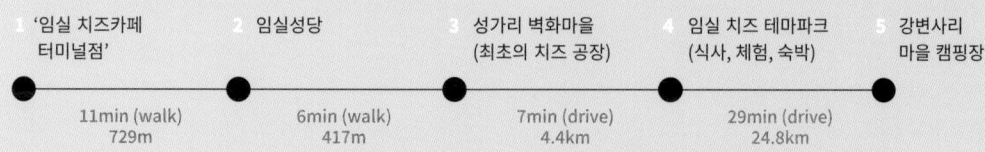

DAY 2

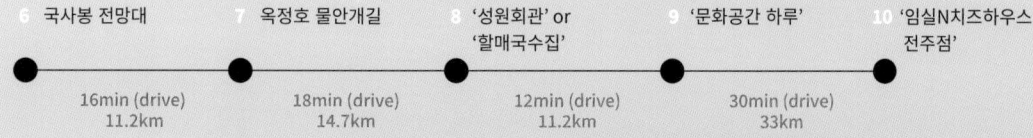

THE LOCAL의 아름다운 미각 여행

레드푸드 파라다이스, 장수

수확 시기를 정확히 알고 가야 붉은 열매의 제맛을 경험할 수 있다. 오미자는 8월 말에서 9월 초 수확해 생과로 판매되고, 이후에는 건조 또는 냉동, 청으로 가공해 판매된다. 홍로 품종의 사과는 수확에서 보관이 한 달 정도로 빠르게 끝나니 9월 추석 전후로 구입할 수 있다. 부사 품종의 사과는 저장성이 뛰어나 늦가을부터 이듬해 여름까지 구입할 수 있다.

한우는 장수에서 먹는 것이 가장 저렴하고 맛도 좋다. 장수 한우구이집은 대부분 직판매장 겸 식당 형태로 운영되어 육회용부터 특수 부위까지 입맛대로 골라 먹을 수 있다. 매년 10월 말이면 장수의 가장 큰 행사인 '장수 한우랑 사과랑 축제'가 열리는데, 그해 최고의 장수 사과를 선발하는 품평회부터 한우 판매전 등 다채로운 행사가 열린다.

맛있는 식재료의 천국, 고창

고창에서 복분자, 수박, 장어만 먹고 오면 아쉽다. 땅콩, 포도, 체리, 딸기, 보리와 차나무까지……. 식재료 천국 인류의 정착지답다. 그중 고창의 자연산 백합도 꼭 맛보자. 영양가가 높고 소화가 잘 되어 전복과 더불어 고급 조개로 불리는 백합은 갯벌과 민물이 만나는 곳에서 서식한다. 동호해변에 물이 빠지고 끝없는 모래사장이 나타나면 소쿠리를 등에 매고 쇠스랑으로 모래를 긁어 백합을 채취하는 어르신들이 나타난다.

양식이 되지 않아 오직 사람의 손으로만 채취할 수 있는 자연산 백합은 그 양이 귀하고 채취하는 사람도 귀해 맛보기 어려운 조개의 여왕이다. 봄, 가을이 제철로 조개 회부터 무침과 전, 시원한 백합탕에 이르기까지 다양한 맛을 즐길 수 있다.

JANGSU   GOCHANG

발견되지 않은 보물섬, 군산

군산 여행은 고군산군도를 다녀와야 완성이 된다. 섬과 평야를 두루 가진 군산에서 빵집과 짬뽕만 먹고 온다면 코끼리의 꼬리만 만져보고 코끼리를 상상하는 것과 같다.

고군산군도에는 한반도 역사가 깃든 빛나는 시간의 흔적들이 있다. 섬마다 주상절리와 기암괴석이 태초의 역사를 말하고, 고려 시대 청자를 싣고 서해 뱃길을 지나다 좌초된 난파선이 천년 만에 발견된 곳이다. 그뿐만 아니라 고려 시대 고대 항로의 기착지, 조선 시대 이순신 장군이 바다를 지켰던 수군 기지 등의 흔적이 여전히 섬 곳곳에 남아 있다.

군산의 앞바다에 발굴되지 않은 보물선처럼 군산의 오래된 식문화에 대한 이야기도 원석처럼 발굴되지 않은 것이 무궁무진하다. 그러니 군산의 근현대 100년사만 알고 가는 것은 무척이나 아쉬운 일이다. 군산을 여행할 때는 근대역사박물관에서 시작해서 고군산군도를 마지막 코스로 봐야 군산다움을 느낄 수 있는 여행이 된다.

치즈너리의 명소, 임실

해외로 멀리 가지 않아도 반백 년 치즈 역사가 있는 임실에서 치즈너리 여행이 가능하다. 잘 발효된 치즈에서 피어나는 치즈 향에 군침이 돌고 입 안 가득 퍼지는 진한 풍미에 자꾸 손이 간다. 특히 산지 숙성고에서 막 꺼낸 묵직한 치즈 덩어리를 반으로 갈라 향을 느끼고 맛을 본 사람이라면, 그 기회가 얼마나 값진 경험인지 알고 있다. 임실의 목장형 치즈 공방에서 만드는 치즈는 원유와 유산균, 만드는 이에 따라 질감, 향, 맛이 제각각 다른 개성을 갖고 있다. 같은 식재료도 많은 맛을 경험해 봐야 다름을 알고 내 입맛에 맞는 맛을 발견할 수 있다.

치즈를 좋아하는 당신이라면 주저 없이 임실 치즈너리 여행을 추천한다. 생 치즈에서 숙성 치즈까지 목장별로, 치즈 종류별로 다양하게 구입할 수 있다. 캠핑을 좋아한다면 와인을 챙기고 현지에서 치즈를 구입해 강변사리 마을과 오수의 견 공원에서 치즈 캠핑을 즐겨 보자. 오랫동안 기억에 남을 미식 여행이 될 것이다.

GUNSAN   IMSIL

EPILOGUE

자연이 키우고 누군가의 손길을 거쳐 혀에 닿기까지의 미식 여정,
음식에는 혼이 배어 있고 질감 하나하나에도 히스토리가 담겨 있다.
우리가 매일 먹는 밥상에는 온 우주가 담겨 있다고 해도 과언이 아니다.

나에게 미식 여행은 먹고 사는 인간의 기본적 욕구를 넘어 잘 먹어야 잘살 수 있다는 깨달음을 준다. 자연의 경이로움에 겸손해지고, 자신의 자리를 묵묵히 지키며 만드는 이와 주고받은 이야기에 감동하며, 과거에서 현재까지 이어온 지식의 발견에 무한한 기쁨을 느낀다.

모든 생명은 탄생 순간부터 에너지를 얻는 일, 즉 먹고사는 일이 시작된다. 음식은 생명 유지의 기본이며, 생사고락을 쥐고 있는 중요한 일임에도 숨 쉬는 것처럼 의식하지 못하고 지나친다. 요즘처럼 숨 쉬는 것조차 자유로울 수 없을 때 공기의 소중함과 자연의 중요함을 느끼듯이 사라지고 나서야 건강한 미식의 가치를 알게 된다.

나는 요리사 부모님 덕분에 다양한 맛을 경험할 수 있었다. 부모가 도시의 식당 일로 바빠지자 어린 나는 경산 평사리 시골마을의 친가에서 2년 정도 살았다. 과수원과 벼농사를 하며 대가족이 모여 살았는데, 삼촌과 고모가 많아 수렵과 채집을 놀이처럼 배우고 즐기며 자랐다. 강가에서 물고기를 잡아 끓여 먹고, 논두렁 밭두렁에 올라 온 나물을 뜯고, 큰 가마솥에 펄펄 끓여내던 할머니 표 소고기 무국의 맛은 아직도 잊을 수가 없다. 고모의 결혼을 축하하기 위해 키우던 돼지를 잡고, 명절과 제사 때 차례를 지내기 위해 둘러앉아 만들던 음식 등 40년 전 기억이 지금까지 남아 유년 시절을 추억하게 만든다. 결국 내가 맛을 이해하는 본질은 한 그릇의 음식이 만들어지기까지의 노력과 먹는 사람에게 전달되는 정성스런 마음의 집합체임을 30대 중반에서야 깨달았다. 식문화를 발굴하고 가치를 알리는 일을 평생 업으로 삼겠다고 창업한 것도 이때다.

코로나 팬데믹 이후 사람들이 가장 하고 싶은 것이 여행이라고 한다. 하늘길, 바닷길이 막히자 국내 여행을 떠나는 이들이 늘고 있지만 정작 제주, 강원 등 유명 여행지로만 여행객이 몰리다 보니 여행이 주는 만족감보다는 피로감과 위험도가 높다. 캠핑, 차박, 호캉스를 떠난 이들이 올린 SNS에는 일부 인기 있는 맛집 외에는 지역의 향토 음식과 거리가 먼 도시에서 챙겨 온 음식과 수입 고기로 만든 바비큐 등이 주를 이룬다.

아는 만큼 보이고, 먹은 만큼 즐거움의 향유도 크다. 이럴 때일수록 자연 속에서 제철 음식으로 몸과 마음의 허기를 충만하게 채워줄 진정한 미식 여행의 정보가 간절했다. 더욱이 산업의 현대화, 개량된 품종, 전처리된 식재료, 단체 급식 세대, 1인 가구의 증가 등 조리법이나 식문화를 잃어버린 세대가 등장하기 시작하고, 지역의 고령화와 인구 감소로 빠르게 사라지는 식문화 유산 현장을 보면서, 이 책은 우리나라 지역의 식문화 가치를 알릴 수 있는 좋은 기회라고 생각한다.

지난 10여 년간 지역의 식문화를 발굴하며 기록한 사진만 지역마다 1만 컷이 넘었다. 신중하게 고른 사진 한 컷, 한 컷에 스토리를 담아 독자의 상상력을 더해 줄 시선을 생각하며 핵심만 간결하게 담았다. 미식 여행은 지역마다 다른 환경과 문화 역사를 이해하며 지역의 전통과 관습을 맛으로 깊이 있게 경험하는 여행이다. 그래서 단순히 맛집을 나열하며 소개하는 것이 아닌 지역의 식재료와 산지의 역사, 식문화의 근원을 찾아 탐험하듯 사진으로 여행지를 소개했다. 같은 장소도 시절마다 보는 관점에 따라 시시각각 다른 느낌을 자아내기에 이 책은 곁에 두고 오랫동안 함께 다닐 수 있는 여행의 동행 지기로 생각해도 좋다.

국내 소도시를 여행할 때 해외로 나가는 마음처럼 준비해 보자. 여행지의 기본 정보를 모으고 무엇을 보고, 듣고, 먹고, 사게 될지 리스트도 만들어 보자. 무엇보다 여유 있는 일정으로 종종 머물다 오면 좋겠다. 국내 소도시 여행은 가까이 있기에 깔고 앉은 방석처럼 무관심했고 잘 몰랐던 곳이었다. 화려한 볼거리는 부족하지만, 사람의 발길이 덜 닿은 곳이기에 자연환경이 훼손되지 않고 지역 문화가 보존된 곳이라 생각하면 어떨까? 고정관념을 뛰어넘는 자유로운 발상으로 미식의 본질을 탐험하는 여행이야말로 인생을 더욱 흥미롭고 풍요롭게 이끌 것이다.

더 로컬 | 장수 고창 군산 임실
THE LOCAL | JANGSU GOCHANG GUNSAN IMSIL

1판 1쇄 인쇄 2022년 2월 7일
1판 2쇄 발행 2022년 2월 15일

지은이 안은금주
사진 빅팜컴퍼니, 임종호, 김승환, 이홍기, 박현규
자문 이수란(장수군), 이병렬·양희진(고창군), 이복웅·박미자·김미정(군산시), 박미경(임실군)
펴낸곳 무블출판사
펴낸이 이재유
편집 김아롬
디자인 정규연

출판등록 제2020-000047호(2020년 2월 20일)
주소 서울시 강남구 영동대로131길 20, 2층 223호(우 06072)
전화 02-514-0301
팩스 02-6499-8301
이메일 0301@hanmail.net
홈페이지 mobl.kr

ISBN 979-11-91433-43-2 13980

- 이 책의 전부 또는 일부 내용을 재사용하려면 저작권자와 무블출판사의 사전 동의를 받아야 합니다.
- 잘못된 책은 구입하신 서점에서 바꾸어드립니다.
- 책값은 뒤표지에 표시되어 있습니다.